孔子诗传

论/语/故/事/朗/诵/诗

辛龙 ⊙ 著

青岛出版社

序言

这是一部用诗歌为孔子作的传记，

这是一部歌颂孔子的长篇赞美诗，

这是一本让孩子了解孔子的入门书。

孔子是举世公认的古往今来第一大圣人。他博采众长，全面总结继承了前人创造的文化精华，创立了以"仁爱"为核心的儒家思想，建构了中华民族的主流文化，两千五百多年来如同高耸的灯塔，熠熠生辉，照彻天地。

在中国，孔子思想影响着一代又一代的中国人；在世界上，他被联合国教科文组织列为全世界十大名人之首。1988年1月，七十五位诺贝尔奖得主在巴黎聚会，发表宣言说："人类要生存下去，必须回首二十五个世纪去汲取孔子的智慧。"孔子的思想将在未来的世界中发挥越来越重要的作用。

要了解孔子的思想和智慧，必须先读懂孔子。作为当代少年儿童，走近孔子，学习孔子，是理解中华传统文化的钥匙，是承接中华文明基因、培育健全人格和高尚品德的必由之路。

为了使世人了解孔子，早在两千一百多年前，司马迁就为孔子撰写了第一篇传记《孔子世家》，并收录在《史记》之中。从此以后，历代文人墨客阐释孔子思想和事迹的著作如雨后春笋，层出不穷。特别是近百年来，描写孔子的小说、戏剧、电影、电视剧、动画片等不下数百种，但是并未发现以诗歌形式为孔子作传的文本。今天，我欣喜地看到，辛龙同志创作的《孔子诗传》填补了这个空白。

中国是诗的国度，孔子是最早的诗歌编选者和评论家。他编选审定了中国最早的诗歌总集《诗经》，提出了"《诗》可以兴、可以观、可以群、可以怨"的诗教理念。辛龙同志以诗歌这一独特的抒情和叙事方式，集中描写孔子的生平事迹和光辉思想，可以使少年儿童在诵读过程中更好地感悟孔子的喜怒哀乐，更好地领悟孔子的思想。

通读《孔子诗传》，我认为本书有以下几个鲜明的特点：

一是尊重史料，内容翔实。作者根据孔子"吾十有五而志于学，三十而立，四十不惑，五十而知天命，六十而耳顺，七十而从心所欲，不逾矩"的自述将诗歌相应地分为六章，以《论语》《史记·孔子世家》《孔子家语》《春秋左传》等文献记载的孔子事迹为核心内容，逐一创作诗篇，真实地勾画出孔子波澜壮阔的一生，生动地展现了孔子博大精深的思想。

二是塑造人物生动形象。本书从孔子出世写起，围绕孔子的成长经历，从细节入手，描写他跌宕起伏的人生际遇、从容豁达的处世态度、胸怀博爱的性格特征，努力为读者呈现出一位真实可信、可敬可爱的孔子；同时，通过讲述孔子与弟子们生活、学习、从政及周游列国时发生的或有趣，或有情，或引人发笑，或发人深思的故事，着力刻画了子路的率直鲁莽、颜渊的温文尔雅、子贡的聪明善辩……从而描绘出孔门弟子性格各异的人物群像。

三是行文平实，语言典雅。作为一部写给少年儿童阅读的反映至圣先师孔子的诗歌作品，本书采用古代七言歌行体，把记人物、记言谈、发议论融为一体，章节长短灵活，声律、韵脚自由，读来朗朗上口。在遣词造句时，作者不时注入时代精神和现代元素，尽量在不削弱作品感染力的前提下，规范用词用典，语言工整典雅，非常适合少年儿童诵读理解。

我衷心希望，当代少年儿童通过这本《孔子诗传》，读懂孔子，学习《论语》，为自己的一生打下中华优秀传统文化的底色，为中华民族的伟大复兴承担起自己的历史责任。

孔祥林
2018年10月8日

（作者系孔子七十五代孙，曾任孔子研究院副院长、世界儒学大会秘书处秘书长，诗人，研究员。）

目录

第一章
十五志于学

003_ 孔子出世
014_ 博学多才
018_ 不懂就问
021_ 两小儿辩日
026_ 温故知新
030_ 不耻下问

第二章
三十而立

037_ 求为可知
042_ 单衣顺母
050_ 子路负米
055_ 子路拜师
059_ 子路华衣
062_ 三缄其口
067_ 忍无可忍
071_ 苛政猛于虎
075_ 三月不知肉味

080_ 观宥坐
084_ 预测水灾
088_ 不义富贵
094_ 成人之美
099_ 和而不同
103_ 晏婴劝谏
108_ 思不出位
112_ 孔子返鲁

第三章
四十不惑

119 _ 过庭之训
124 _ 颜回乐学
129 _ 颜回弃金
133 _ 不迁怒，不贰过
138 _ 公冶长入狱
143 _ 朽木不可雕
149 _ 沂水论志
156 _ 黄口小麻雀
160 _ 公索败家
165 _ 阳虎与孔子
171 _ 待价而沽
177 _ 不相为谋

第四章
五十知天命

185 _ 出仕中都
190 _ 师徒言志
193 _ 孔子断案
197 _ 孔子多爱
202 _ 闻一知十
206 _ 既往不咎
211 _ 不杀公伯寮
217 _ 弃官离鲁
221 _ 天之木铎
226 _ 名正言顺
232 _ 听天由命
236 _ 匡邑被围
240 _ 蒲邑脱险
245 _ 孔子击磬
250 _ 子见南子
254 _ 桓魋伐树

目录

第五章
六十耳顺

261 _ 丧家之犬
265 _ 师项橐
269 _ 君子常乐
273 _ 孔子知错
277 _ 一见如故
280 _ 农山论志
286 _ 孔子马逸
291 _ 丈人承蜩
294 _ 见丘吾子
298 _ 君子固穷
302 _ 颜回问仁
305 _ 仁者颜回
310 _ 子路问津
317 _ 鸣鼓而攻
324 _ 韦编三绝

第六章
七十从心所欲

329 _ 因材施教
332 _ 君子务本
336 _ 轻徭薄赋
340 _ 教学相长
344 _ 啮指痛心
352 _ 君子坦荡荡
356 _ 三思而行
362 _ 大禹治水
367 _ 武城弦歌
371 _ 以貌取人
376 _ 孔子借伞
380 _ 杖打原壤
386 _ 圣人离世

第一章 十五志于学

孔子出世

时光倒流三千年，
武王①伐纣起烽烟。
一统华夏建周朝，
分封诸侯守江山。

幽王②烽火戏诸侯，
犬戎③入侵无人救。
失信天下丢性命，
礼崩乐坏乱神州。

鲁国武士叫孔纥④，
贵族后裔名在册。
高大威猛守陬邑⑤，
保家卫国挥金戈。

---

① 武王：指周武王。姓姬，名发，西周王朝王国君主。
② 幽王：指周幽王。姓姬，名宫涅（shēng），西周王朝最后一名君主，被犬戎杀害。
③ 犬戎：古代部落名，活跃于今陕西一带。公元前771年，起兵灭西周。
④ 孔纥（hé）：字叔梁，又名叔梁纥，鲁国勇士，身长十尺，武功绝伦，曾担任陬邑大夫。
⑤ 陬（zōu）邑：鲁国地名。

六十六岁又娶妻，
新娘征在①刚十七。
夫妇求子拜尼山，
得子名丘字仲尼。

小孔丘，命真苦，
年仅三岁父亡故。
孤儿寡母无依靠，
搬离陬邑到曲阜②。

曲阜繁华是都城，
祭祀大典击钟磬。
孔丘随母去观礼，
聚精会神侧耳听。

---

① 征在：孔子的母亲，姓颜，名征在。
② 曲阜：鲁国都城。今山东济宁曲阜市。

看完典礼下河堤,
挖取泥巴捏礼器。
整整齐齐摆地上,
壶鼎方樽都相似。

倒上河水充美酒,
放入石块当祭肉。
孔丘恭立说祝词,
不厌其烦细探究。

斗转星移六年过，
孔丘九岁始求学。
专心致志细钻研，
精益求精铁砚磨。

礼乐射，御书数①，
六门功课都娴熟。
披星戴月反复练，
夜以继日不怕苦。

转眼孔丘十七岁，
母亲病故心欲碎。
肝肠寸断放悲声，
披麻戴孝泪双垂。

---

① 礼乐射，御书数：指礼法、音乐、射箭、驾车、书法和算数。这是古代读书人必须学习的六种技艺。

服丧期满得音讯，
季氏①设宴请士人。
季氏当朝掌国政，
飨士只为选能臣。

孔丘听闻抬望眼，
一路飞奔快似箭。
满怀希望心头热，
来到季氏大门前。

季氏家臣叫阳虎①，
门前正踱四方步。
手握皮鞭鼻朝天，
趾高气扬嗓门粗：

---

① 季氏：指掌控鲁国的执政正卿季孙氏。
② 阳虎：季孙氏的家臣。又称阳货。

"大人正设飨士宴，
你冒充士人真讨厌！
哪里凉快哪里去，
走得慢了挨马鞭！"

孔丘上前要争辩，
阳虎瞪眼挥双拳。
行人围观看热闹，
齐笑孔丘太寒酸！

孔丘默默抬起头，
挤入人群往家走。
满腹学问人不知，
忍悲含屈泪花流。

乌云压顶阴风起，
电闪雷鸣惊天地。
瓢泼大雨哗哗下，
昂首独行不躲避。

回到达巷小茅屋,
手捧经书窗前读。
书声琅琅四处飘,
行人闻听常驻足。

少年曾点①和颜路②,
家境贫寒有抱负。
听说孔丘学问大,
登门拜访奔草庐。

以文会友勤修学,
志同道合情切切。
四方学子争来集,
孔家茅屋名远播。

---

① 曾点:字皙。孔子早期学生。孔子著名弟子曾参的父亲。鲁国人。
② 颜路:名无繇,字路。孔子早期学生。孔子著名弟子颜回的父亲。鲁国人。

朋友相助建新房，
新房高大又宽敞。
人来人往读书声，
燕来燕去绕房梁。

春去秋来雁南飞，
孔丘已满十九岁。
德才兼备人缘好，
亲朋好友争保媒。

红杏枝头喜鹊叫，
锣鼓喧天春意闹。
迎娶新娘并官氏[①]，
贤惠端庄好容貌。

---

① 并官氏：孔子夫人的姓氏。汉碑《礼器碑》说："颜氏圣舅家居鲁亲里，并官圣妃在安乐里，圣族之亲礼所宜异，复颜氏，并官氏邑中繇发。"鲁国国相韩敕免除孔子外祖家颜氏和夫人并官氏族人的徭役，碑立于156年，现在仍存。

新婚燕尔琴瑟合,
十月怀胎结爱果。
呱呱坠地是男婴,
孔门有后笑语多。

街口飞马起烟尘,
两位公差来敲门。
见到孔子忙施礼,
毕恭毕敬弯腰身:

"国君昭公①有旨意,
派我登门来道喜!
赐你一条大鲤鱼,
祝贺先生得贵子!"

① 昭公:指鲁昭公。鲁襄公之子,鲁国国君。

此时孔丘是布衣，

国君送礼古来稀。

一段佳话不胫走，

名扬鲁国成传奇！

论语精读

1. 子曰:"吾十有五而志于学,三十而立,四十而不惑,五十而知天命,六十而耳顺,七十而从心所欲,不逾矩。"(为政 4)

【解读】 孔子说:"我十五岁时,立志于学习;三十岁时,已经在社会上找到自己的位置;四十岁时,对纷繁的社会事物有了自己的主见;五十岁时,认识到天道运行的规律;六十岁时,已经心明眼亮,因此可听逆耳之言;七十岁时,可以随心所欲,却不会违反规矩。"

2. 子曰:"学而时习之,不亦说(yuè)乎?有朋自远方来,不亦乐(lè)乎?人不知而不愠(yùn),不亦君子乎?"(学而 1)

【解读】 孔子说:"学习了做人处世的道理,并在适当的时候印证练习,不也觉得高兴吗?志同道合的朋友从远方来相聚,不也感到快乐吗?别人不了解你,而你并不生气,不也就是君子作风吗?"

3. 太宰(zǎi)问于子贡曰:"夫子圣者与?何其多能也?"子贡曰:"固天纵之将圣,又多能也。"子闻之,曰:"太宰知我乎!吾少也贱,故多能鄙事。君子多乎哉?不多也。"(子罕 6)

【解读】 太宰向子贡询问,说:"你的老师是一位圣人吧?他为什么会有这么多才干啊?"子贡说:"这是老天要他成为圣人,并且具有多方面的才干。"孔子听到这段话,说:"太宰了解我啊!我年轻时贫困卑贱,所以学会了很多技艺。君子会有这么多技艺吗?不会有这么多呀。"

博学多才

曲阜城,柳花荡,
孔丘十五住达巷。
好学不倦事事问,
学一行来爱一行。

做饭洗衣和扫地,
日常家务会料理。
算账驾车和射箭,
勤学苦练不知疲。

邻里婚丧或嫁娶,
孔丘现场当司仪。
落落大方口才好,
面面俱到不失礼。

担任委吏①管仓库,
账目清晰货相符。
担任乘田②管放牧,
羊肥牛壮胖乎乎。

街坊齐挑大拇指:
"孔丘真是了不起!
博学多才啥都会,
前程远大必可期!"

孔丘闻听笑眯眯,
听到称赞很谦虚:
"我才疏学浅无专长,
赶赶马车还可以!"

---

① 委吏:管理仓库的小官。
② 乘田:管理牲口的小官。

论语精读

1. 达巷党人曰:"大哉孔子!博学而无所成名。"子闻之,谓门弟子曰:"吾何执?执御乎?执射乎?吾执御矣。"(子罕2)

【解读】 达巷的乡里人说:"伟大呵,孔子!博学多才,他会的很多东西我们简直叫不出名堂来。"孔子听说后,对他的门人弟子谦虚地说:"我会干什么呢?赶车呢?还是射箭呢?我还是赶车好了。"

2. 子曰:"君子不器。"(为政12)

【解读】 孔子说:"君子不夸耀自己某一个具体方面的能力。"

3. 子曰:"吾尝终日不食,终夜不寝,以思,无益,不如学也。"(卫灵公31)

【解读】 孔子说:"我曾经整天不吃饭,整晚不睡觉,全部时间用来思考问题,可是没有什么益处,还不如去学习。"

4. 子曰:"学而不思则罔(wǎng),思而不学则殆(dài)。"(为政15)

【解读】 孔子说:"只是一味地读书而不知道动脑筋思考,就会惘然无得;只是一味地空想而不读书,就会思维枯竭。"

5. 牢曰:"子云:'吾不试,故艺。'"(子罕 7)

【解读】 孔子的学生琴牢说:"孔子说:'我年轻时没有被任用做官,所以为了谋生而学会了各种技艺。'"

不懂就问

春暖花开柳吐芽,
孔子知礼名气大。
国君赠鲤成美谈,
不胫而走人人夸。

鲁国城中有太庙①,
气势恢宏烟袅袅。
鼓乐齐鸣祭周公,
庄严肃穆烛高烧。

孔子慕名来观礼,
屏气凝神看仔细。
太庙里外转一圈,
四处请教笑眯眯。

---

① 太庙:古代皇帝的宗庙。这里指曲阜城里的周公庙。

庙中游客本姓于,
家住达巷是邻居。
见到孔子事事问,
嬉皮笑脸相揶揄:

"大家都说你懂礼,
为何事事都不知?
问了这个问那个,
问了东来又问西!"

孔子正色看老于,
表情严肃挺身立:
"不懂就问合乎礼,
不懂装懂是顽痴!"

论语精读

1. 子入太庙，每事问。或曰："孰谓鄹（zōu）人之子知礼乎？入太庙，每事问。"子闻之曰："是礼也。"（八佾 15）

【解读】 孔子进了周公庙，每件事都发问。有人便说："谁说叔梁纥的儿子懂得礼呢？进了太庙，每件事都要向别人请教。"孔子听到这话后，说："这正是礼啊。"

2. 子曰："盖有不知而作之者，我无是也。多闻，择其善者而从之；多见而识之，知之次也。"（述而 28）

【解读】 孔子说："也许有无知而妄自创作的人吧，我没有这种毛病。多听，选择其中正确的部分加以接受；多看，并且记在心里，是求知的次序啊。"

3. 子曰："譬如为山，未成一篑，止，吾止也；譬如平地，虽覆一篑，进，吾往也。"（子罕 19）

【解读】 孔子说："无论是学习还是加强道德修养，好比堆土成山一样，只差一筐土就成而停下来，这是我自己停下来的；在平地堆土，虽然刚刚倒下第一筐土，继续下去，这是我所坚持下去的。"

4. 子罕言利。与命与仁。（子罕 1）

【解读】 孔子很少主动地谈论私利，却认同天命，赞许仁德。

两小儿辩日

青年孔子戴儒冠，
身长九尺披青衫。
饱读诗书学问大，
博古通今声名显。

阳春三月微风暖，
花红柳绿桃李艳。
孔子出门去游学，
驾车飞驰奔防山①。

两个小孩站路边，
一个女来一个男。
男孩盘发俩兽角②，
女孩头顶独发辫。

---

① 防山：今山东曲阜市东。
② 兽角：古代男孩的发型。

手指天空仰着脸，
针锋相对正论辩。
大声争吵不相让，
费尽口舌嘴唇干。

排难解纷平生愿，
孔子下车来解劝。
弯腰俯身问小孩，
所为何事起争端？

两小儿，来相见，
争先恐后说焦点。
太阳每日天上转，
离人远近是疑难。

小男孩，开口言：
"早晨近，中午远！
旭日近似大车盖，
中午渐远成金盘！"

小女孩，正相反：
"中午近，早晨远！
太阳初出远而凉，
中午时分热浪翻！"

孔子凝眉想半天，
谁对谁错难判断。
实话实说不知道，
小儿讥笑飘耳畔。

自知才疏学尚浅，
学海无涯路漫漫。
晨兴夜寐下苦功，
黄卷青灯晓星残。

论语精读

1. 子曰："由，诲女知之乎？知之为知之，不知为不知，是知也。"（为政 17）

【解读】 孔子说："仲由，教给你的道理都明白了吗？明白就是明白，不明白就是不明白，这样才是聪明。"

2. 子曰："吾有知乎哉？无知也。有鄙夫问于我，空空如也，我叩其两端而竭焉。"（子罕 8）

【解读】 孔子说："我很有知识吗？没有啊。有一个乡下人来问我，如果我对他的问题一无所知，那么，我从问题的首尾两端仔细盘问，感悟其疑问所在，然后尽可能为他解惑。"

3. 子绝四：毋意，毋必，毋固，毋我。（子罕 4）

【解读】 孔子杜绝了四种毛病：不凭空猜测，不绝对肯定，不固步自封，同时也不自以为是。

4. 子曰："古之学者为己，今之学者为人。"（宪问 24）

【解读】 孔子说："古代的人学习是通过修养来修己，而现在的人学习是为了急功近利地求得好的名声。"

5. 子曰:"不患人之不己知,患其不能也。"(宪问 30)

【解读】 孔子说"不担心别人不了解自己,只担心自己没有使别人了解自己的本领。"

温故知新

光阴似箭日月新，
二十九岁学弹琴。
虚心求教心意诚，
孔子恭立在师门。

鲁国乐官叫师襄，
尽人皆知有声望。
一首乐曲教孔子，
曲名叫啥未明讲。

孔子练琴很认真，
废寝忘食有恒心。
斗转星移十日过，
轻拢慢拈出清音。

师襄听罢抚长髯，
和蔼可亲把头点：
"你弹此曲很娴熟，
明日就可学新篇！"

孔子停琴仰起脸,
谦虚谨慎开口言:
"曲调规律未摸清,
假以时日继续练!"

春去秋来过半年,
师襄再听孔子弹。
行云流水乐过耳,
大珠小珠落玉盘。

师襄听罢乐悠悠,
挑起拇指开笑口:
"你奏此曲有神韵,
换支曲子再研修?"

孔子闻言摇摇头,
诚心实意说请求:
"此曲主题未弄透,
回家还想细探究!"

秋去冬来雪花飘,
孔子登门来相告:
"此曲歌颂周文王①,
目光炯炯个子高!"

师襄鼓掌直叫好,
目视孔子哈哈笑:
"你学弹琴善思考,
此曲正是《文王操②》!"

① 周文王:姓姬名昌,周朝奠基者,周武王的父亲。
② 文王操:用来歌颂周文王的琴曲,后失传。

论语精读

1. 子曰:"温故而知新,可以为师矣。"(为政 11)

【解读】 孔子说:"温习从前的知识,能够使自己的智慧得到新的提高,这样的人就可以做老师了。"

2. 子曰:"十室之邑,必有忠信如丘者焉,不如丘之好学也。"(公冶长 28)

【解读】 孔子说:"就是只有十户人家的小地方,一定也有我这样忠信诚实的人,只是不像我这么喜欢学习罢了。"

3. 子夏曰:"日知其所亡(wú),月无忘其所能,可谓好学也已矣。"(子张 5)

【解读】 子夏说:"每天都学习自己以前不知道的,时时复习,每月不要忘记自己以前学过的,这样的人就可称为好学了。"

4. 子曰:"君子上达,小人下达。"(宪问 23)

【解读】 孔子说:"同样是学习、修身,君子从中体会到的是通往较高道德境界的途径,而小人却注重用以谋生糊口的技艺。"

不耻下问

风起云涌日色薄，
孔子研学静默默。
寒窗苦读二十年，
如雷贯耳名远播。

有个儒生很妒忌，
刁难孔子想主意。
苦思冥想皱眉头，
灵机一动心欢喜。

手捧一只大螺壳，
口大尾细闪光泽。
站在路边等孔子，
不怀好意笑呵呵：

"听说先生是圣人，
无所不知天下闻。
烦请细线穿螺壳，
如能穿好就服您！"

孔子接过仔细看,
壳内曲曲又弯弯。
越往里面孔越细,
反复尝试线难穿!

无计可施团团转,
孔子急得头冒汗。
忽见路旁采桑女,
不耻下问走上前。

对着妇女行个礼,
虚心请教提问题。
妇女看后轻声说:
"何不试试烟熏蚁?"

一语点醒梦中人，
茅塞顿开心欢喜。
树下找只大蚂蚁，
扯根细线轻轻系。

蚂蚁带线放壳里，
浓烟飘过跑得急。
转眼之间出壳尖，
轻而易举穿过去。

论语精读

1. 子贡问曰:"孔文子何以谓之'文'也?"子曰:"敏而好学,不耻下问,是以谓之'文'也。"(公冶长 15)

【解读】 子贡请教说:"孔文子凭什么得到'文'的谥号呢?"孔子说:"他聪明好学,并且不以向身份低的人请教为耻,所以得到'文'的谥号。"

2. 卫公孙朝问于子贡曰:"仲尼焉学?"子贡曰:"文武之道,未坠于地,在人。贤者识其大者,不贤者识其小者,莫不有文武之道焉。夫子焉不学?而亦何常师之有?"(子张 22)

【解读】 卫国的公孙朝询问子贡说:"孔仲尼在何处学习过?"子贡说:"周文王、周武王的治国之道并没有完全失传,而是散落在人间。才能卓越的人把握住重要的部分,才德平凡的人把握住末节的部分。可以说,文武之道无处不在。我的老师在哪里不能学习呢?他又为什么要有固定的老师呢?"

3. 子曰:"学如不及,犹恐失之。"(泰伯 17)

【解读】 孔子说:"学习好像来不及似的,还怕失去了应该学习的东西。"

求为可知

春色满园花吐蕊，
孔子年满三十岁。
教书育人在阙里①，
开门办学迎朝晖。

入门条件很优惠，
贫富贵贱都教诲。
十条肉干可拜师，
曲阜城里起惊雷。

此前学校属官府，
不收平民收贵族。
孔子私学开先河，
各色人等可学儒。

---

① 阙里：曲阜的一条街巷。

御书数,礼乐射,
因材施教六门课。
孔子才学展杏坛,
声名鹊起美誉多。

齐国国君齐景公[①],
出访鲁国闻其名。
专门派人请孔子,
当面请教称先生:

---

① 齐景公:春秋时齐国国君。

"西方秦国地窄狭,
人烟稀少国力差。
为何最近能崛起,
威震诸侯敢称霸?"

孔子应声就回答:
"秦国虽小志气大。
选贤任能百里奚①,
雄心勃勃夺天下!"

景公听罢连说好,
茅塞顿开疑惑消。
青眼有加看孔子,
一见如故结私交。

---

① 百里奚:春秋时期著名的政治家,是秦穆公用五张黑羊皮从市井之中换回的一代名相。他在主持秦国国政期间,内修国政,外图霸业,使秦国开始崛起。

论语精读

1. 子曰:"有教无类。"(卫灵公39)

【解读】 孔子说:"人人都可以接受教育,不分贫富、贵贱。"

2. 子曰:"自行束脩(xiū)以上,吾未尝无诲焉。"(述而7)

【解读】 孔子说:"凡是自己带着十条干肉向我求学的,我没有不加以教诲的。"

3. 子曰:"不患人之不己知,患不知人也。"(学而16)

【解读】 孔子说:"他人不了解自己并不足以令人担心,最令人担心的是自己缺乏处世的学问,以至于不能了解他人。"

4. 子曰:"不患无位,患所以立;不患莫己知,求为可知也。"(里仁14)

【解读】 孔子说:"不忧虑自己没有职位,而应忧虑有没有能够任职的才学本领;不忧虑别人不了解自己,而应忧虑有没有足以让人了解自己的德行与才能。"

5. 子曰:"默而识之,学而不厌,诲人不倦,何有于我哉?"(述而2)

【解读】 孔子说:"把学习的内容默默地记在心里,努力学习而不厌倦,努力教诲学生而不知倦怠,我还担心什么呢?"

6.子以四教：文、行、忠、信。（述而 25）

【解读】 孔子从四个方面教育学生：文献经典，善德躬行，待人忠诚，讲究信用。

单衣顺母

孔子学生闵子骞[①]，
生在鲁国小草庵。
朗目疏眉高鼻梁，
虎头虎脑筋骨健。

父亲老闵是商贩，
穿街走巷去挣钱。
母亲持家也忙碌，
相夫教子做针线。

天有不测风云变，
人有祸福旦夕间。
子骞五岁母早亡，
抛夫别子赴黄泉。

[①] 闵子骞：姓闵，名损，字子骞，小孔子十五岁，鲁国人。孔子学生，以孝行闻名于世。

晚风拂柳笛声残,
老闵丧妻万事难。
既当爹来又当娘,
顾此失彼少吃穿。

万般无奈托媒人,
娶个姑娘来续弦①。
日月如梭三年过,
又添双子绕膝前。

子骞小小男子汉,
知书达理好少年。
孝敬后母如生母,
端茶倒水不偷懒。

---

① 续弦:古时以琴瑟比喻夫妻。故丧妻称断弦,再娶为续弦。

谁知后母偏心眼，
时时处处耍手腕。
好吃好喝给亲儿，
残羹冷炙给子骞。

子骞隐忍不作声，
打下牙来肚里咽。
老闵时常不在家，
一无所知被欺骗。

秋风瑟瑟北风寒，
后母灯下走针线。
买来丝绵两大筐，
拎来芦花一竹篮。

丝绵絮成给亲儿，
芦衣絮成给子骞。
衣料用布都一样，
外表看来都保暖。

夜来大雪落云端，
银装素裹披河山。
老闵清晨出家门，
子骞驾车相陪伴。

身穿芦衣不御寒，
寒风刺骨刀割脸。
子骞冻得直哆嗦，
手中马缰落车前。

老闵看到心里烦，
对着子骞挥马鞭：
"驾车如此不认真，
毛手毛脚为哪般？"

说罢一鞭挥过去，
打破芦衣露了馅。
寒风吹过芦花飘，
后母用心已昭然。

老闵一见心里恼,
拉起子骞把家还。
怒气冲冲进大门,
揪住后母开口言:

"坏婆娘,黑心肝,
心如蛇蝎害子骞!
今天我就休了你,
收拾东西娘家返!"

后母闻言脚发软,
铁证如山难狡辩。
拉着俩儿放声哭,
涕泗滂沱泪涟涟。

子骞连忙走上前,
双膝跪地泪洗面。
紧紧拉住父亲手,
晓以利害哭相劝:

"弟弟穿棉我穿单,
天气虽冷我不怨。
如果母亲离开家,
弟弟也要受饥寒。"

老闵闻听发长叹,
百感交集心里酸。
饶过后母收成命,
老泪纵横抱子骞。

这正是:
亲爱我,孝何难;
亲憎我,孝方贤。
子骞单衣顺后母,
仁义孝悌美名传。

论语精读

1. 子曰:"弟子入则孝,出则弟(tì),谨而信,泛爱众,而亲仁。行有余力,则以学文。"(学而6)

【解读】 孔子说:"年轻的人们,在家里要孝顺父母,出门在外要敬爱兄长,行为谨慎而诚实守信,广泛地友爱众人并且亲近有仁德的人。认真做好这些事,如果还有余力,就应当努力学习书本上的知识。"

2. 子曰:"孝哉闵子骞!人不间(jiàn)于其父母昆弟之言。"(先进5)

【解读】 孔子说:"闵子骞真是孝顺啊!人们对于他父母兄弟称赞他孝顺的话完全同意。"

3. 子曰:"事父母几(jī)谏。见志不从,又敬不违,劳而不怨。"(里仁18)

【解读】 孔子说:"侍奉父母时,发现他们有什么过错,要委婉地劝阻;看到自己的意见没有被接受,仍然要恭顺他们,不触怒他们,虽然内心忧虑却不怨恨。"

4. 季氏使闵子骞为费宰。闵子骞曰:"善为我辞焉!如有复我者,则吾必在汶上矣。"(雍也9)

【解读】 季氏派人请闵子骞去做费邑的长官,闵子骞对来请他的人说:"请你好好替我推辞吧!如果再来召我,那我一定跑到汶水那边去了。"

5.鲁人为长府。闵子骞曰:"仍旧贯,如之何?何必改作?"子曰:"夫人不言,言必有中。"(先进14)

【解读】 鲁国打算翻修叫长府的金库。闵子骞说:"照老样子就行了,何必改建呢?"孔子说:"这个人平时不大说话,一说便很中肯。"

子路负米

孔子学生叫子路[1]，
家境贫寒住茅屋。
尽心竭力行孝道，
四里八乡声名著。

天下大旱禾苗枯，
方圆百里缺稻谷。
子路进山挖野菜，
供养双亲来果腹。

野菜青青锅中煮，
难以下咽味太苦。
眼看父母渐消瘦，
子路扭头出草庐。

---

[1] 子路：姓仲，名由，字子路，小孔子九岁，鲁国人。孔子弟子，以勇武著称。

进城打工一月余，
挣钱买米踏归途。
百斤米袋扛在肩，
望眼欲穿迈大步。

西北风，风刺骨，
山道弯弯又崎岖。
子路背米不停歇，
汗流浃背滴满路。

光阴似箭五年过，
父母双亲都作古。
子路求学随孔子，
五经勤向窗前读。

梅花香自苦寒来，
宝剑锋从磨砺出。
子路出仕到楚国，
位高权重展宏图。

子路出行气派足，
兵车百乘相拥簇。
府邸装修很豪华，
万担粮米堆仓库。

鸡鸭鱼肉寻常见，
山珍海味在鼎釜。
子路用餐常流泪，
怀念双亲停玉箸。

这正是：

树欲静而风不止，

子欲养而亲不待。

孝敬父母不能等，

马上行动就现在！

论语精读

1. 子曰:"父母在,不远游,游必有方。"(里仁 19)

【解读】 孔子说:"父母在世时,子女不应出远门;如果要出远门,必须有确定的去处。"

2. 孟武伯问孝。子曰:"父母唯其疾之忧。"(为政 6)

【解读】 孟武伯向孔子请教孝道。孔子说:"父母最担心子女的病痛。"

3. 子曰:"父母之年,不可不知也。一则以喜,一则以惧。"(里仁 21)

【解读】 孔子说:"父母的年纪,做子女的不能不记得。一方面为他们享高寿而欢喜,另一方面为他们日渐老迈而惧怕。"

4. 孟懿子问孝。子曰:"无违。"樊迟御,子告之曰:"孟孙问孝于我,我对曰:'无违。'"樊迟曰:"何谓也?"子曰:"生,事之以礼;死,葬之以礼,祭之以礼。"(为政 5)

【解读】 孟懿子向孔子请教孝道。孔子说:"不要违背礼制。"樊迟为孔子赶车,孔子告诉他说:"孟孙向我请教孝道,我回答他说:'不要违背礼制。'"樊迟说:"是什么意思呢?"孔子说:"父母在世的时候,要按照礼的要求侍奉他们;父母去世以后,要按照礼的要求安葬他们,按照礼的要求祭祀他们。"

子路拜师

鲁国壮士叫子路，
虎背熊腰胳膊粗。
头插鸡翎披战袍，
只爱练武不读书。

听说孔子开学堂，
弟子众多有声望。
子路登门耍威风，
手舞宝剑闪寒光。

孔夫子，笑嘻嘻，
鼓掌称好提建议：
"你武功高强力气大，
如肯学习谁能比？"

子路收剑抱怀中，
口出狂言气如虹：
"我行走江湖靠宝剑，
读书学习有何用？"

孔子正色把头仰,
循循善诱打比方:
"驾驭烈马用皮鞭,
举弓射箭靠眼亮。

木材锯正依墨绳,
人受教育方成圣。
立身之本是学习,
光靠勇敢可不行!"

子路还是不服气,
伸出食指来比喻:
"南山翠竹硬又直,
砍来制箭很锋利!

我用此箭射犀牛,
牛皮虽厚可射透。
竹不修饰我不学,
锐不可当闯九州!"

孔子展眉笑语温,
一语双关说妙论:
"羽毛铜镞安竹箭,
射入犀牛可更深!"

子路闻言茅塞开,
心悦诚服拜三拜。
师从孔子学大道,
终成治国栋梁材!

论语精读

1. 子路曰："君子尚勇乎？"子曰："君子义以为上。君子有勇而无义为乱，小人有勇而无义为盗。"（阳货 23）

【解读】 子路说："君子崇尚勇敢吗？"孔子说："君子把道义看作最重要的。如果君子有勇而无义就会犯上作乱，如果小人有勇而无义就会成为盗贼。"

2. 子曰："道不行，乘桴（fú）浮于海。从我者，其由与？"子路闻之喜。子曰："由也，好勇过我，无所取材。"（公冶长 7）

【解读】 孔子说："我的主张没有机会得到实施，干脆就乘上木筏到海外去。能跟从我的，大概就是仲由吧？"子路听了，很高兴。孔子说："仲由啊！你比我还勇敢呢，但是没有地方可以找到适用的木材来造船出海啊！"

3. 子曰："片言可以折狱者，其由也与？"子路无宿诺。（颜渊 12）

【解读】 孔子说："根据一面之词就能够断案的，大概只有仲由吧？"子路答应做任何事，从来都不拖延。

4. 子曰："性相近也，习相远也。"（阳货 2）

【解读】 孔子说："人的性情本来是相近的，只是后天的学习才导致人与人之间的差距逐渐变大。"

子路华衣

鸟语花香春风暖,
子路上学巧打扮。
身披绣袍闪闪亮,
头戴高高儒士冠。

神气活现到杏坛,
趾高气扬扺须髯。
孔子一见眉头锁,
喊他进屋发长叹:

"长江源头在雪山,
水溪细小清又浅。
虚怀若谷容江河,
奔流不息天地间。

你衣着华美又光鲜,
神情得意太傲慢。
谁会帮你指失误?
谁愿助你解疑难?"

子路快步回家转,
更换布衣立杏坛。
谦虚谨慎听教诲,
如饥似渴心意专。

从此子路穿布衫,
刚强不屈挺腰杆。
达官贵人身边立,
神态自若不愧惭。

孔子给他点个赞:
"不嫉妒也不贪婪!
这是修身第一步,
继续努力别自满!"

论语精读

1. 子曰:"士志于道,而耻恶衣恶食者,未足与议也。"(里仁 9)

【解读】 孔子说:"读书人有志于追求真理,却以穿破衣、吃粗粮为羞耻,这样的人不值得同他谈学论道。"

2. 子曰:"衣(yì)敝缊(yùn)袍,与衣狐貉(háo)者立,而不耻者,其由也与?'不忮(zhì)不求,何用不臧(zāng)?'"子路终身诵之。子曰:"是道也,何足以臧?"(子罕 27)

【解读】 孔子说:"穿着破旧的衣袍,与穿着狐貉裘皮的人站在一起而不觉得惭愧的,大概只有仲由吧?《诗经》中说:'不嫉妒也不贪求,怎么会不好呢?'"子路听后,就经常诵读这句诗。孔子说:"仅仅把这作为修身之道,怎么能成就大善呢?"

3. 子路有闻,未之能行,唯恐有闻。(公冶长 14)

【解读】 子路听到一个为人处世的道理,还未能完全做到之前,唯恐又听到新的道理。

4. 子曰:"博学于文,约之以礼,亦可以弗畔矣夫!"(颜渊 15)

【解读】 孔子说:"广泛地学习《易》《诗》《书》《礼》《乐》《春秋》等六艺之文,并用礼加以约束,也就不至于离经叛道了。"

三缄其口

天高云淡鹰翱翔，
孔子学礼奔洛阳。
国君昭公赠车马，
南宫敬叔①陪身旁。

洛阳本是周首都，
礼仪典籍最丰富。
千里迢迢不辞远，
日夜兼程奔征途。

来到洛阳见老子②，
学富五车大国士。
手捧大雁当礼物，
虚心求教周礼仪。

---

① 南宫敬叔：孔子学生，鲁国贵族，即南宫适（kuò），字子容，又名南容。
② 老子：姓李，名耳。春秋时期楚国人。我国古代伟大的哲学家、思想家，道家学派的创始人。

老子教礼传经典，
倾囊相授促膝谈。
一见如故情悠悠，
语重心长说赠言：

"搬弄是非惹祸端，
揭人丑恶遭大难。
摇唇鼓舌非君子，
少与人争得平安！"

辞别老子进太庙，
雕梁画栋松柏茂。
拾阶而上进大门，
门前铜人一丈高。

三层麻布封嘴严,
背后铭文说箴言:
"审慎说话此为戒,
言多必失惹祸端!"

孔子读完细思量,
逐字逐句记心上。
回国之后教学生,
少说多做别轻狂!

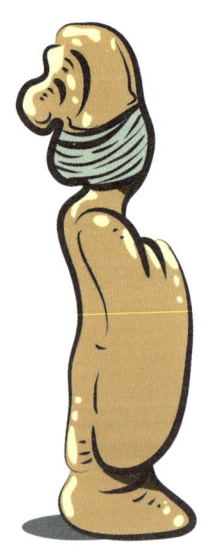

论语精读

1. 子曰:"君子耻其言而过其行。"(宪问 27)

【解读】 孔子说:"君子认为说得多而做得少是可耻的。"

2. 子曰:"其言之不怍(zuò),则为之也难。"(宪问 20)

【解读】 孔子说:"说话如果大言不惭,那么实现这些话就是很困难的。"

3. 或曰:"雍(yōng)也仁而不佞(nìng)。"子曰:"焉用佞?御人以口给(jǐ),屡憎于人。不知其仁,焉用佞?"(公冶长 5)

【解读】 有人说:"冉雍这个人可以行仁,但是没有口才。"孔子说:"何必要有口才呢?靠伶牙俐齿和别人辩论,常常招致别人的厌恶。我不知道他是不是行仁,但何必要有口才呢?"

4. 子曰:"君子欲讷(nè)于言而敏于行。"(里仁 24)

【解读】 孔子说:"君子说话要谨慎迟缓,而做事要勤快敏捷。"

5. 子贡问君子。子曰:"先行其言而后从之。"(为政 13)

【解读】 子贡问怎样做才能算是君子。孔子说:"先实践所要说的话,然后再把话说出来。"

6. 子曰:"巧言令色,鲜矣仁!"(学而3)

【解读】 孔子说:"花言巧语,面目伪善,这种人很少有仁德。"

7. 子谓南容:"邦有道,不废;邦无道,免于刑戮。"以其兄之子妻之。(公冶长2)

【解读】 孔子评论南容说:"国家政治清明之时,不会被废弃;国家政治黑暗之时,也不会因犯法而受到刑罚或被处死。"于是把自己哥哥的女儿嫁给他。

8. 南容三复白圭,孔子以其兄之子妻之。(先进6)

【解读】 南容把"白圭之玷,尚可磨也。斯兰之玷,不可为也"这几句诗反复诵读,孔子把他哥哥的女儿嫁给他。

9. 南宫适问于孔子曰:"羿善射,奡(ào)荡舟,俱不得其死然。禹稷(jī)躬稼而有天下。"夫子不答。

南宫适出。子曰:"君子哉若人!尚德哉若人!"(宪问5)

【解读】 南宫适对孔子说:"羿善于射箭,奡善于水战,最后都不得好死。禹和稷都亲自种植庄稼,却得到了天下。"孔子没有回答。

南宫适出去以后,孔子说:"这个人真是个君子啊!这个人真崇尚道德啊!"

忍无可忍

春秋末年夕阳尽，
天子暗弱势减损。
诸侯各国齐争雄，
礼崩乐坏乱纷纷。

鲁国三桓①掌国政，
祖上都是鲁桓公。
政权兵权抓在手，
历代国君被架空。

三桓之首是季孙，
世代正卿莫与伦。
富可敌国骄气盛，
发号施令位独尊。

---

① 三桓：指鲁庄公的三个弟弟庆父、叔牙、季友，其后代分别称为孟孙氏、叔孙氏、季孙氏，史称"三桓"。长期架空国君，把持鲁国朝政。

叔孙孟孙立门庭，
也有封地和家兵。
世袭大夫立朝堂，
国家权力分杯羹。

春寒料峭草木疏，
国君三桓都祭祖。
季孙派人传命令，
国家乐队调季府。

敲金戛玉鸣钟鼓，
季氏庭下八佾①舞。
八佾本是天子用，
六十四人展流苏。

---

① 八佾（yì）：八佾即八行，每行八人。古代舞蹈奏乐，天子八行，每行八人；诸侯六行，每行六人；大夫四行，每行四人；士两行，每行两人。季氏为大夫，按礼只能用四行，每行四人。

季孙抱臂坐高台,
居高临下好气派。
兴高采烈直鼓掌,
仰天大笑乐开怀。

昭公祭祖在王宫,
专等乐队即举行。
左等右等等不来,
怒火中烧脸发青!

季孙八佾舞于庭,
孔子得知气冲冲:
"如此违礼都忍心,
早晚必将有报应!"

论语精读

1. 孔子谓季氏:"八佾舞于庭,是可忍也,孰不可忍也?"(八佾1)

【解读】 孔子谈到季氏在自己家庙的庭院里使用六十四人跳舞的事说:"这样的事他都忍心去做,还有什么事他不忍心去做呢?"

2. 三家者以《雍》彻(yōng chè)。子曰:"'相维辟公,天子穆穆',奚取于三家之堂?"(八佾2)

【解读】 孟孙、叔孙、季孙三家在祭祖完毕撤除祭品时,命乐工唱《雍》诗。孔子说:"(《雍》诗唱的是)'诸侯助祭,天子端庄而肃穆',这在三家的祭堂上能取哪一点呢?"

3. 子曰:"人而不仁,如礼何?人而不仁,如乐何?"(八佾3)

【解读】 孔子说:"一个人如果没有仁心,他怎么能实行礼呢?一个人如果没有仁心,他怎么能讲乐呢?"

4. 季氏旅于泰山。子谓冉有曰:"女弗能救与?"对曰:"不能。"子曰:"呜呼!曾谓泰山不如林放乎?"(八佾6)

【解读】 季氏要违背礼制去旅祭泰山。孔子对冉有说:"你不能制止这件事吗?"冉有答道:"不能。"孔子说:"哎呀,难道说泰山之神竟连我的学生林放也不如吗?"

苛政猛于虎

阴云翻滚风怒吼,
鲁国内乱旷日久。
孔子师徒奔齐国,
北雁南飞声啾啾。

齐鲁交界是泰山,
五岳之首声名显。
层峦叠嶂路崎岖,
松涛阵阵虎啸传。

山高林密路难行,
不见炊烟和人影。
阴风袭来如刀割,
忽传女子痛哭声。

循声望见一妇人,
布衣荆钗繁双鬓。
独坐松下掩面泣,
泣不成声哭新坟。

孔子车上思纷纷，
命人停车去探问：
"听您哭声裂肝肺，
所为何事您伤心？"

妇人抬头暂停哭，
掩面抽泣说缘故：
"山中深处有猛虎，
血盆大口尾巴粗。

前年吃了我公公，
去年吃掉我丈夫。
昨日又吃我儿子，
命丧虎口太恐怖！"

孔子闻听很惊骇，
面色沉重心悲哀：
"既然山中有猛虎，
何不搬家早离开？"

妇人抽泣开口言:
"山下确实没虎患!
却有赋税如牛毛,
我不堪忍受才进山!"

孔子上车别老妇,
对着弟子谈感悟:
"治国理政须仁义,
苛政猛于山中虎!"

论语精读

1. 季康子患盗,问于孔子。孔子对曰:"苟子之不欲,虽赏之不窃。"(颜渊18)

【解读】 季康子苦于鲁国盗贼猖獗,向孔子请教。孔子回答说:"如果你自己能够不贪图过多的财富,即使奖励偷盗,也不会有人干的。"

2. 季康子问政于孔子曰:"如杀无道,以就有道,何如?"孔子对曰:"子为政,焉用杀?子欲善而民善矣。君子之德风,小人之德草。草上之风,必偃。"(颜渊19)

【解读】 季康子向孔子请教政事,说:"如果杀掉无道的坏人,亲近有道的好人,怎么样呢?"孔子回答说:"您治理国家,为何要用杀戮的方法?您自己想要行善,老百姓也就向善了。为政者的道德像风,老百姓的道德像草。风吹在草上,草必然会顺风倒伏。"

3. 子曰:"苟正其身矣,于从政乎何有?不能正其身,如正人何?"(子路13)

【解读】 孔子说:"如果自身正了,对于从政还有什么困难的呢?如果不能使自身端正,怎能使别人端正呢?"

三月不知肉味

孔子拜见齐景公，
久别重逢喜盈盈。
说古论今谈治国，
不觉月出云涛涌。

景公命人摆酒宴，
轻歌曼舞伴管弦。
丝竹之音绕房梁，
名为《韶》①乐不虚传。

曲终人散回宾馆，
余音袅袅在耳畔。
孔子端坐抚瑶琴，
回味《韶》乐夜不眠。

---

①《韶》：相传为舜帝时的音乐。

旭日东升天色明,
孔子进宫急匆匆。
怀中抱琴见乐师,
求学《韶》乐心意诚。

学成之后天天练,
日弹夜弹不知倦。
废寝忘食乐呵呵,
如痴如醉一天天。

子路端来牛肉汤,
要给老师加营养。
孔子喝完又弹琴,
未觉牛肉味道香!

论语精读

1. 子在齐闻《韶》,三月不知肉味,曰:"不图为乐之至于斯也!"(述而 14)

【解读】 孔子在齐国听到了《韶》乐,沉浸其中,有很长时间吃肉也尝不出肉味,说:"想不到《韶》乐的美妙达到了这种程度。"

2. 子谓《韶》:"尽美矣,又尽善也。"谓《武》:"尽美矣,未尽善也。"(八佾 25)

【解读】 孔子评论《韶》乐,说:"美到极点了,也善到极点了。"评论《武》乐,说:"美到极点了,还没有善到极点。"

3. 子语鲁大(tài)师乐(yuè),曰:"乐其可知也:始作,翕(xī)如也;从之,纯如也,皦(jiǎo)如也,绎如也,以成。"(八佾 23)

【解读】 孔子告诉鲁国太师有关音乐的道理,说:"音乐是可以了解的:开始演奏时,乐声突起、繁盛热烈;继续展开下去,乐曲和谐而单纯,音节分明,旋律连绵往复,最后结束。"

4. 子曰:"知之者不如好(hào)之者,好之者不如乐之者。"(雍也 20)

【解读】 孔子说:"对于任何学问和事业,了解它的人不如喜爱它的人,喜爱它的人不如以它为乐的人。"

5. 子与人歌而善，必使反之，而后和之。（述而31）

【解读】 孔子与别人一起唱歌，如果唱得好，一定要请他再唱一遍，然后和他一起唱。

6. 子曰："由之瑟，奚为于丘之门？"门人不敬子路。子曰："由也升堂矣，未入室也。"（先进15）

【解读】 孔子说："仲由弹瑟，为什么要在我这里弹呢？"孔子的学生因此瞧不起子路。孔子说："仲由嘛，在做学问方面已经不错了，只是还不够精深罢了。"

7. 子曰："吾自卫反鲁，然后乐正，《雅》《颂》各得其所。"（子罕15）

【解读】 孔子说："我从卫国回到鲁国后，乐才得到了整理，《雅》乐和《颂》乐回到了它们适当的位置。"

8. 子曰："师挚之始，《关雎》之乱，洋洋乎盈耳哉。"（泰伯15）

【解读】 孔子说："从太师挚开始演奏，到结尾演奏《关雎》之曲，美妙的音乐充盈于耳啊！"

9. 子于是日哭，则不歌。（述而10）

【解读】 孔子如果这一天吊丧而哭，那么就不再歌唱。

10. 叶公问孔子于子路，子路不对。子曰："女奚不曰，其为人也，发愤忘食，乐以忘忧，不知老之将至云尔。"（述而 19）

【解读】 叶公向子路询问孔子是怎样的人，子路没有回答。孔子说："你为什么不告诉他，他的为人啊，发愤时连吃饭都忘了，快乐时连忧愁都忘了，不知道自己马上就垂垂老矣，如此而已。"

观宥坐

日上三竿光普照，
绿树掩映桓公庙。
孔子师徒来参观，
现场教学仔细瞧。

展室有件青铜器，
年代久远生锈迹。
形如酒樽吊半空，
尾部朝天口朝地。

师徒不知是何物，
此物古时何用处？
孔子请来守庙人，
虚心请教解迷雾。

"听说此物叫宥坐①，
摆在这里没用过。
它在古时有何用，
从来没人告诉我！"

孔子听罢仰起脸，
对着弟子开口言：
"宥坐古书有记载，
悬挂君王宝座边！"

命人端来水一碗，
慢慢注入做实验。
水少宥坐仍倾斜，
加到一半直又端。

---

① 宥（yòu）坐：古代置于座位的右边的一种倾斜易覆的器具。

等到注水全加满，
宥坐倾覆水四溅！
弟子看完吃一惊，
孔子侃侃说渊源：

"此物告诫古帝王，
摒弃吝啬和自满。
为人处世讲中庸，
不偏不倚天下安！"

论语精读

1. 子曰:"如有周公之才之美,使骄且吝(lìn),其余不足观也已。"(泰伯 11)

【解读】 孔子说:"即便一个人有周公那样卓越的才华,如果他既骄傲又吝啬,那么其才能也是不值得欣赏的。"

2. 子曰:"中庸之为德也,其至矣乎!民鲜久矣。"(雍也 29)

【解读】 孔子说:"中庸作为一种道德,可算是至高无上的了!一般民众很少能达到这种境界。"

3. 子曰:"谁能出不由户?何莫由斯道也?"(雍也 17)

【解读】 孔子说:"谁能外出不经过门户?为何没有人走这条中庸之道呢?"

4. 子曰:"君子博学于文,约之以礼,亦可以弗畔矣夫!"(雍也 27)

【解读】 孔子说:"君子能够广泛地学习文化知识,并接受礼的节制,也就可以不背离正道了。"

5. 子曰:"以约失之者,鲜矣。"(里仁 23)

【解读】 孔子说:"在做人行事时,因为对自己有所约束而导致过失的情况是很少的。"

预测水灾

七月流火白云飘，
齐国宫殿楼阁高。
雕梁画栋好气派，
君臣议政披锦袍。

天边飞来一群鸟，
落在殿前咕咕叫。
浑身黑毛长得怪，
脖颈细长一只脚！

侍者连忙来禀报，
景公闻听吓一跳。
急急忙忙跑出来，
站在殿前仔细瞧：

怪鸟齐齐把头翘，
单脚离地跳啊跳。
景公连忙问群臣，
这是啥鸟啥征兆？

文臣武将齐摇头,
凶吉祸福不知道。
景公想起孔夫子,
派人快马去请教。

孔子闻听面带笑,
晋见景公相禀告:
"此鸟古书有记载,
名叫商羊是水兆!

齐国将要下大雨,
抓紧派人防洪涝!"
景公听罢忙下令,
修渠筑堤疏河漕!

电闪雷鸣雨潇潇,
越下越大水滔滔。
诸侯各国遭水灾,
齐国有备损失小。

论语精读

1. 子曰:"我非生而知之者,好古,敏以求之者也。"(述而 20)

【解读】 孔子说:"我不是生来就有知识的,我的知识是爱好古代文化,再勤奋去学习得来的。"

2. 子曰:"述而不作,信而好古,窃比于我老彭。"(述而 1)

【解读】 孔子说:"传述继承而不创作发明,相信和爱好古代文化,我私下把自己比作我所尊敬的老彭。"

3. 子张问:"十世可知也?"子曰:"殷因于夏礼,所损益,可知也;周因于殷礼,所损益,可知也。其或继周者,虽百世,可知也。"(为政 23)

【解读】 子张向孔子请教道:"以后十个朝代的礼仪制度可以预先知道吗?"孔子说:"殷商沿袭夏朝的礼仪制度,所去除和增加的内容也都可以知道。周朝沿袭殷商的礼仪制度,所去除和增加的内容也都可以知道。假如有继周朝而立的,即使是以后一百个朝代,也是可以知道的。"

4. 子曰:"周监于二代,郁郁乎文哉!吾从周。"(八佾 14)

【解读】 孔子说:"周朝的礼仪制度借鉴了夏、商二代的文化,多么富有文采啊!我赞同周朝的。"

不义富贵

乌云翻滚秋霜凛，
鲁国政坛风雷迅。
三家大夫执朝政，
季孙叔孙和孟孙。

鲁昭公，是国君，
大权旁落不甘心。
出兵讨伐季孙氏，
大败出逃泪涔涔。

国无君主失根本，
三家争权民怨恨。
孔子避乱到齐国，
拜见景公进宫门。

齐景公，笑语亲，
满面春风迎贵宾。
孔子知礼名声大，
虚心请教很谦逊。

孔子见状心感奋,
暗自庆幸转时运。
以为景公是明主,
建言献策语谆谆:

"治国必先正名分,
君像君来臣像臣。
各安本分行其职,
国泰民安天下顺!"

景公如闻金鼓震,
豁然开朗很兴奋。
竖起拇指直叫好,
笑逐颜开眉也伸:

"先生此言意味深,
高瞻远瞩莫与伦!
如果君臣秩序乱,
齐国丰收我饥馑!"

宾主越谈越亲近，
孔子馆舍等大任。
任命数月未等到，
却有富贵来降临。

廪丘城，齐要津，
物产丰富多税金。
景公将城赐孔子，
作为食邑解贫困。

孔子不受面色愠，
对着弟子说愤懑：
"君子立功才受赏，
无功受禄怎立身？

我说大道给齐君,

景公不行却施恩。

这种富贵对于我,

如同天边飘浮云!"

论语精读

1. 齐景公问政于孔子。孔子对曰:"君君,臣臣,父父,子子。"公曰:"善哉!信如君不君,臣不臣,父不父,子不子,虽有粟,吾得而食诸?"(颜渊11)

【解读】 齐景公向孔子询问治国的道理。孔子回答说:"君要像君,臣要像臣,父要像父,子要像子。"齐景公说:"说得对呀!如果君不像君,臣不像臣,父不像父,子不像子,就算粮食再多,我能吃得到吗?"

2. 子曰:"饭疏食,饮水,曲肱而枕(zhèn)之,乐亦在其中矣。不义而富且贵,于我如浮云。"(述而16)

【解读】 孔子说:"吃粗粮,喝凉水,弯起手臂做枕头,这样的生活也很有乐趣啊!用不正当的方式得来的富贵,对我而言就像是天边的浮云一样。"

3. 子曰:"富而可求也,虽执鞭之士,吾亦为之。如不可求,从吾所好。"(述而12)

【解读】 孔子说:"如果天下有道,财富可以求得,就算是在市场里担任小管理员,我也去做。如果无法以正当的手段求得,就干我想干的。"

4. 子曰:"德之不修,学之不讲,闻义不能徙（xǐ）,不善不能改,是吾忧也。"（述而3）

【解读】 孔子说:"德行不好好修养,不好好作学问,听到该做的事情却不跟着去做,自己有缺点却不能立刻改正,这些都是我所忧虑的。"

5. 子曰:"三军可夺帅也,匹夫不可夺志也。"（子罕26）

【解读】 孔子说:"一个国家的军队尽管人数众多,却可以使其丧失主帅。一个人虽寡,只要立志坚定,就很难使其放弃自己的主张。"

6. 子曰:"岁寒,然后知松柏之后凋也。"（子罕28）

【解读】 孔子说:"经过寒冬的考验,才知道松柏是最后凋零的。"

7. 子张曰:"士见危致命,见得思义,祭思敬,丧思哀,其可已矣。"（子张1）

【解读】 子张说:"君子在国家危难之际能挺身而出,敢于献出自己的生命,见到有所得便考虑是否该得,祭祀时考虑心怀恭敬,服丧时考虑哀伤,这样就可以算是君子了。"

成人之美

春意盎然百花香，
大夫晏婴①升宰相。
位高权重掌国政，
兢兢业业日日忙。

晏婴车夫本姓方，
身材魁梧穿戎装。
主人升官他高兴，
欢欣鼓舞精神爽。

这老方，坐车上，
马鞭一挥震天响。
拉着晏婴过街市，
神气十足真荣光。

---

① 晏婴：春秋时期齐国人，齐国大夫。著名政治家、思想家。

第二章 ⊙ 三十而立

老方媳妇正纺线，
透过门缝朝外望。
看见丈夫挥长鞭，
耀武扬威直嚷嚷。

宰相晏婴坐车厢，
心平气和很安详。
袖手无言正沉思，
目不斜视胸襟旷。

老方下班回家转，
媳妇冷脸如严霜。
义正词严要离婚，
搞得老方很紧张：

"如今晏婴当宰相，
为人谦和有涵养。
身材矮小大胸怀，
位极人臣不张狂。

你身高八尺男子汉，
当个马夫情飞扬。
胸无大志太轻浮，
我为你妻臊得慌！"

老方听罢很惊惶，
无地自容脸发胀。
知错就改性情变，
谦虚谨慎习为常。

宰相晏婴眼睛亮，
发现老方是贤良。
破格提拔当大夫，
平步青云上朝堂。

论语精读

1. 子曰:"君子成人之美,不成人之恶。小人反是。"(颜渊 16)

【解读】 孔子说:"君子帮助别人完成善行,不帮助别人完成恶行。小人则正好相反。"

2. 子曰:"晏平仲善与人交,久而敬之。"(公冶长 17)

【解读】 孔子说:"晏平仲善于与人相交,交往越久,别人越发尊敬他。"

3. 子贡问为仁。子曰:"工欲善其事,必先利其器。居是邦也,事其大夫之贤者,友其士之仁者。"(卫灵公 10)

【解读】 子贡问怎样实行仁德。孔子说:"做工的人要把他的工作做好,必须先使他的工具得心应手。住在一个国家,就要敬奉那些大夫之中的贤者,结交士人中的仁人。"

4. 子曰:"过而不改,是谓过矣。"(卫灵公 30)

【解读】 孔子说:"有了过错却不改正,这才叫真的错了。"

5. 子曰:"人之过也,各于其党。观过,斯知仁矣。"(里仁 7)

【解读】 孔子说:"世上的人各种各样,同类的人往往会犯相同的过失。观察各人所犯的过失,方知其是否真正地行仁。"

和而不同

齐景公，爱打猎，
策马奔驰在山野。
箭无虚发射猎物，
飞禽走兽装满车。

夕阳西下回都城，
大臣丘据城门迎。
祝贺景公收获多，
君臣谈笑回王宫。

晏婴宫中正等候，
手捧文书要上奏。
景公一见心里烦，
面带不悦皱眉头：

"打猎归来想歇歇，
丞相却来谈工作。
不如丘据知我心，
心意相通多和谐！"

晏婴抬头看景公,
不卑不亢相回应:
"丘据与您不是和,
投您所好此为同!

和谐恰似做汤羹,
新鲜鱼肉配姜葱。
煮开之后加佐料,
只添开水可不行。

大王雄才治齐国,
君臣关系讲和谐。
大王弹琴臣鼓瑟,
各按本分守职责!"

齐景公,侧耳听,
心领神会脸发红。
接过奏章俯桌案,
专心致志理国政。

论语精读

1. 子曰:"君子和而不同,小人同而不和。"(子路 23)

【解读】 孔子说:"君子协调差异,而不强求一致;小人强求一致,而不协调差异。"

2. 子曰:"爱之,能勿劳乎?忠焉,能勿诲乎?"(宪问 7)

【解读】 孔子说:"爱他,能不让他养成勤劳的习惯吗?真诚对待他,能不给他规劝吗?"

3. 子曰:"君子周而不比,小人比而不周。"(为政 14)

【解读】 孔子说:"君子开诚布公而不偏爱同党,小人偏爱同党而不开诚布公。"

4. 有子曰:"礼之用,和为贵。先王之道,斯为美,小大由之。有所不行,知和而和,不以礼节之,亦不可行也。"(学而 12)

【解读】 有子说:"礼的作用,以恰到好处为可贵。古代圣贤君王的治国之道,可贵的地方就在这里。不管大事小事,都要做得恰当。如果有行不通的时候,只知道为了人与人之间关系和谐而和谐,不用一定的礼来约束,也是不可行的。"

晏婴劝谏

杨柳青青江水平,
景公打猎兴冲冲。
捉到一只金丝鸟,
稀世之珍披翠翎。

景公得鸟喜盈盈,
如获至宝带回宫。
命令专人细看护,
闲来无事听鸟鸣。

风和日丽暖融融,
晏婴上朝见景公。
忽听有人来报告,
小鸟逃走无影踪。

景公闻听怒火生,
暴跳如雷气势汹:
"严厉惩处看鸟人,
推出斩首不留情!"

晏婴疾步走上前,
高声启奏齐景公:
"玩忽职守看鸟人,
三大罪状要说清:

一丢国君心爱物,
致使国君难怡情。
二让大王滥杀人,
惨无人道伤德行!

三使国君传恶名,
因鸟杀人成笑柄。
他罪大恶极难饶恕,
死有余辜理难容!"

景公闻言脸发红,
自知理亏太冲动。
挥手饶过看鸟人,
换个话题谈朝政。

论语精读

1. 子路问事君。子曰："勿欺也,而犯之。"（宪问 22）

【解读】 子路请教如何侍奉君主。孔子说："不要欺骗他,还要直言进谏。"

2. 子曰："事君,敬其事而后其食。"（卫灵公 38）

【解读】 孔子说："侍奉君主,认真做好分内的工作,然后才想到俸禄。"

3. 定公问："君使臣,臣事君,如之何？"孔子对曰："君使臣以礼,臣事君以忠。"（八佾 19）

【解读】 鲁定公问孔子："君主使唤臣子,臣子侍奉君主,要以什么为原则？"孔子回答说："君主应该按照礼制的要求来使唤臣子,臣子应该尽忠职守来侍奉君主。"

4. 有子曰："信近于义,言可复也。恭近于礼,远耻辱也。因不失其亲,亦可宗也。"（学而 13）

【解读】 有子说："信约接近或者符合道义,诺言可以兑现。恭敬符合礼教,就能避免耻辱。凭借他亲近应当亲近的人,也能确定他是可靠的人。"

5.子曰:"非其鬼而祭之,谄也。见义不为,无勇也。"(为政24)

【解读】 孔子说:"不是应当你祭祀的鬼神,却去祭他,这是谄媚的行为。见到应该做的事却不做,这就是没有勇气。"

思不出位

秋高气爽白云淡,
雁叫阵阵掠宫院。
景公闲来起豪兴,
跃马出猎上南山。

文臣武将齐相陪,
兵士持戈紧相随。
浩浩荡荡出都城,
旌旗招展排长队。

雕花宝弓身上背,
景公催马金鞭挥。
一马当先上山巅,
不见猎场紧皱眉。

转身命人挥旌旗,
欲招虞人问仔细。
虞人本是山林官,
日常办公在山底。

侍卫展旗高高举,
挥舞半天无人理。
景公急得哇哇叫,
抓来虞人扒官衣。

虞人被绑跪马前,
拜过景公就开言:
"旌旗专门招大夫,
招我只需挥皮冠!"

景公低头细思量，
令人上前去松绑。
承认自己有失误，
未守规矩不应当。

孔子闻听直说好，
虞人做官循正道。
思不出位守本分，
牢记职责不动摇。

论语精读

1. 子曰:"不在其位,不谋其政。"

曾子曰:"君子思不出其位。"(宪问 26)

【解读】 孔子说:"不在那个职位上,就不要考虑那个职位所要谋划的事。"

曾子说:"君子考虑问题不会超出自己在社会中所应处的职位。"

2. 子曰:"事君尽礼,人以为谄也。"(八佾 18)

【解读】 孔子说:"侍奉君主而竭尽臣节,反会被人以为是谄媚。"

3. 子曰:"能以礼让为国乎,何有?不能以礼让为国,如礼何?"(里仁 13)

【解读】 孔子说:"能以礼让的精神治理国家,为官执政还有什么困难呢?不能以礼让的精神来治理国家,又怎样来推行礼呢?"

4. 子游曰:"事君数,斯辱矣;朋友数,斯疏矣。"(里仁 26)

【解读】 子游说:"侍奉君主过于烦琐,就会招致侮辱;与朋友交往过于密切,反而会变得疏远。"

孔子返鲁

寒来暑往秋复春，
白驹过隙走光阴。
孔子客居在齐国，
大志难抒心烦闷。

景公多次要礼聘，
欲用孔子担大任。
相国晏婴却劝阻，
儒术治国太因循。

景公不用不明说，
宽待孔子三年多。
钱粮衣物有保障，
时常邀请赏礼乐。

齐国贵族都眼热，
生怕孔子被拔擢。
造谣生事欲陷害，
派人盯梢伸长脖。

孔子发现心惊恐,
慌忙拜见齐景公。
景公自称已年迈,
先生才大不能用。

孔子起身就告别,
匆匆忙忙回住所。
收拾行装套马车,
马不停蹄回鲁国。

鲁国政坛乱纷纷，
季氏掌权逐国君。
孔子回国不从政，
专心办学育才俊。

说仁义，讲学问，
群贤毕至进孔门。
桃李春风十四年，
誉满神州莫与伦！

论语精读

1.齐景公待孔子曰:"若季氏,则吾不能;以季孟之间待之。"曰:"吾老矣,不能用也。"孔子行。(微子3)

【解读】 齐景公讲到如何接待孔子的时候,说:"像鲁君对待季孙氏那样任用孔子,我做不到;可以用介乎于季孙氏和孟孙氏之间的待遇来接待孔子。"后来,齐景公又说:"我老了,不能用他了。"孔子就离开了齐国。

2.孔子曰:"见善如不及,见不善如探汤。吾见其人矣,吾闻其语矣。隐居以求其志,行义以达其道。吾闻其语矣,未见其人也。"(季氏11)

【解读】 孔子说:"看到善良的行为,就像赶不上似的;看到不善良的行为,就好像把手伸到热水中一样赶快避开。我看到过这样的人,也听到过这样的话。以隐居避世来保全自己的志向,依照义而实现自己的主张。我听到过这样的话,却没有看到过这样的人。"

3.齐景公有马千驷,死之日,民无德而称焉。伯夷、叔齐饿死于首阳之下,民到于今称之。其斯之谓与?(季氏12)

【解读】 齐景公有马四千匹,死的时候,百姓们觉得他没有什么德行可称颂的。伯夷、叔齐饿死在首阳山下,百姓们到现在还在称颂他们。大概就是这个意思吧?

过庭之训

陈国少年叫陈亢①,

神清骨秀眼睛亮。

千里求学到曲阜,

跋山涉水迎寒霜。

同窗师兄叫孔鲤,

先生独子无娇气。

温柔敦厚有修养,

与人为善不相欺。

春风桃李艳阳照,

万紫千红花蕊娇。

课后结伴去春游,

陈亢开口面带笑:

---

① 陈亢（gāng）：字子禽，比孔子小四十岁，陈国人。孔子学生。

"师兄自小生孔门,
你与先生父子亲。
除了平时来上课,
在家还受啥教训?"

孔鲤闻言笑嘻嘻,
实话实说不隐匿:
"父亲常在庭院站,
仰望天空风云起。

我从父亲身旁过,
曾被叫住问功课。
先问《诗》,后问礼,
我如实禀告都没学!

父亲倒是没生气,
只是给我讲道理。
不学《诗》,无以言,
不学礼,无以立!"

陈亢闻听笑眯眯:
问一得三心欢喜。
知《诗》知礼知先生,
孔子教书无偏私!

论语精读

1. 陈亢问于伯鱼曰:"子亦有异闻乎?"对曰:"未也。尝独立,鲤趋而过庭。曰:'学《诗》乎?'对曰:'未也。''不学《诗》,无以言。'鲤退而学《诗》。他日,又独立,鲤趋而过庭。曰:'学礼乎?'对曰:'未也。''不学礼,无以立。'鲤退而学礼。闻斯二者。"

陈亢退而喜曰:"问一得三:闻《诗》,闻礼,又闻君子之远其子也。"(季氏13)

【解读】 陈亢请教伯鱼说:"你在你父亲那儿听过不同的教诲吗?"伯鱼回答说:"没有。他曾经一个人站在堂上,我恭敬地从庭前走过,他问:'学《诗经》了吗?'我答:'没有。'他说:'不学《诗经》,就没有说话的凭借。'我就马上去学《诗经》。另一天,他又一个人站在堂上,我恭敬地从庭前走过,他问:'学过礼仪了吗?'我答:'没有。'他说:'不学礼仪,就没有立身处世的凭借。'我就马上去学礼仪。我听到的就是这两件事。"

陈亢回去以后高兴地说:"我问了一件事,却知道了三件事:知道要学《诗经》,知道要学礼仪,又知道了君子并不偏爱自己的儿子。"

2. 子曰:"兴于《诗》,立于礼,成于乐。"(泰伯8)

【解读】 孔子说:"启发情感,要靠读《诗经》;具备立身处世的条件,要靠学礼;达成教化的目标,要靠习乐。"

3. 子曰:"《诗》三百,一言以蔽之,曰:'思无邪。'"(为政 2)

【解读】 孔子说:"《诗经》三百篇,用一句话来概括它,就是'无不出于真情'。"

4. 子曰:"小子!何莫学夫《诗》?《诗》可以兴,可以观,可以群,可以怨。迩(ěr)之事父,远之事君。多识于鸟兽草木之名。"(阳货 9)

【解读】 孔子说:"年轻人,为什么不研读《诗经》呢?《诗经》可以激发感情,可以提高观察力,可以陶冶合群的性格,可以表达不平。近的方面来说,可以用来侍奉父母;远的方面来说,可以用来侍奉君主。还可以多知道一些动物植物的名称。"

5. 子谓伯鱼曰:"女(rǔ)为《周南》《召(shào)南》矣乎?人而不为《周南》《召南》,其犹正墙面而立也与!"(阳货 10)

【解读】 孔子对伯鱼说:"你研读过《周南》《召南》了吗?一个人如果不曾研读过《周南》《召南》,那就好像面对墙壁傻站着一样!"

6. 子曰:"《关雎(jū)》乐而不淫,哀而不伤。"(八佾 20)

【解读】 孔子说:"《诗经》的首篇《关雎》,快乐而不放荡,悲哀而不痛苦。"

7. 子曰:"攻乎异端,斯害也已!"(为政 16)

【解读】 孔子说:"研习那些偏离正道的学说,这是很有危害的事情。"

颜回乐学

鲁国少年叫颜回[①],
面黄肌瘦十四岁。
其貌不扬身矮小,
双目炯炯闪光辉。

衣衫破旧出陋巷[②],
兴高采烈眉飞扬。
跟着父亲见孔子,
拜师读书进学堂。

孔子上课学生多,
颜回只在后排坐。
沉默寡言不提问,
翘首静听如饥渴。

---

① 颜回:姓颜,名回,字子渊,亦称子渊,比孔子小三十岁,鲁国人。他是孔子最喜欢的学生,学问渊博,品格高尚。
② 陋巷:曲阜城里的一条街巷名。

中午吃饭回得快,

独坐学堂解书袋。

先诵诗文后静思,

正襟危坐不懈怠。

天天如此已两载,

孔子心里很奇怪:

"颜回中午吃什么?

如此迅速不应该!"

下课铃，响叮当，
颜回中午回陋巷。
一溜小跑走得急，
孔子大步快跟上。

父母打工都在外，
颜回回家奔井台。
掏出一块冷干粮，
喝口凉水吃起来。

吃完扭头回学堂，
刚学新歌大声唱。
孔子看罢直点头，
此子乐学是贤良。

论语精读

1. 子曰:"贤哉,回也!一箪(dān)食,一瓢饮,在陋巷。人不堪其忧,回也不改其乐。贤哉,回也!"(雍也 11)

【解读】 孔子说:"颜回真的是很贤德啊!每天一小篮饭,一瓢水,住在狭窄的巷子里,别人都忍受不了这种愁苦,颜回却仍然不改变他快乐的样子。颜回真的很贤德啊!"

2. 子曰:"君子食无求饱,居无求安,敏于事而慎于言,就有道而正焉,可谓好学也已。"(学而 14)

【解读】 孔子说:"一个君子,饮食不求全饱,居住不求安适,办事勤快而说话谨慎,主动向志行高远的人请求教导指正,这样就可以称得上是好学的人了。"

3. 子谓颜渊,曰:"惜乎!吾见其进也,未见其止也。"(子罕 21)

【解读】 孔子发表对颜渊的看法说:"他不幸早死,真是太可惜了。我只看到他的进步,从未看见他停滞不前。"

4. 子曰:"苗而不秀者有矣夫!秀而不实者有矣夫!"(子罕 22)

【解读】 孔子对颜渊早死感慨道:"长苗而不开花吐穗的有呀!开花吐穗而不结果实的有呀!"

5. 季康子问:"弟子孰为好学?"孔子对曰:"有颜回者好学,不幸短命死矣!今也则亡(wú)。"

【解读】 季康子问孔子:"先生的弟子之中谁最好学?"孔子回答说:"我有一个学生叫颜回,非常好学。他不幸短命早死了。今天再也没有像他这样好学的学生了。"

颜回弃金

春风拂柳柳芽嫩，
颜回拜师求学问。
夙兴夜寐读诗书，
仁义道德勤修身。

家徒四壁旧衣襟，
安贫乐道更勤谨。
富家子弟白眼看，
冷嘲热讽笑他贫。

有位同学丢锭银，
他与颜回座相邻。
猜疑颜回不明说，
却在背后瞎议论。

小颜回，面不愠，
视而不见平常心。
孔子听说有办法，
薄绢包起一锭金。

挥笔写下一行字:
"天赐颜回一锭金!"
放在颜回座位旁,
窗外悄悄藏起身。

颜回饭后回教室,
教室空空无一人。
发现座旁小绢包,
打开见字见黄金。

小颜回,提毛笔,
对着绢包细思忖。
落笔写下字一行:
"外财不发命穷人!"

包起绢包放原处,
一如既往诵诗文。
孔子窗外看仔细,
直夸颜回不违仁!

论语精读

1. 子曰:"视其所以,观其所由,察其所安。人焉廋(sōu)哉?人焉廋哉?"(为政10)

【解读】 孔子说:"了解一个人,要看他做事的动机,观察他做事的方法和过程,再看他平常的涵养,安于什么不安于什么。那么,这个人怎么能隐藏得住呢?这个人怎么能隐藏得住呢?"

2. 子曰:"回也,其心三月不违仁,其余则日月至焉而已矣。"(雍也7)

【解读】 孔子说:"颜回这个人,他的心可以在长时间内不离开仁德,其余的学生则只能在短时间内做到这一步而已。"

3. 颜渊喟然叹曰:"仰之弥高,钻之弥坚。瞻之在前,忽焉在后。夫子循循然善诱人,博我以文,约我以礼。欲罢不能。既竭吾才,如有所立卓尔。虽欲从之,末由也已。"(子罕11)

【解读】 颜渊长长地感叹道:"(老师之道)愈抬头看,愈觉得崇高,愈深入学,愈难以透彻理解。看起来是在前面,忽然又到后面去了。老师教育人循循善诱,用文献知识丰富我,用礼仪规范约束我,我想停下来都不能。我竭尽全力,好像学会了立身处世的本领。但是,当我想要进一步地追随老师,却又找不到路可走了。"

4. 子曰:"回也非助我者也,于吾言无所不说(yuè)。"(先进 4)

【解读】 孔子说:"颜渊这个人,不是能给我启发帮助的人,对我说的话没有不心悦诚服的。"

不迁怒，不贰过

日月如梭一挥间，
颜回二十戴布冠。
刻苦学习六年整，
德才兼备有主见。

花红柳绿春风暖，
颜回走进百货店。
见到两人正吵架，
不可开交起争端。

买货人，瞪大眼，
理直气壮高声喊：
"明明三八二十三！
你要二十四枚钱？"

售货员，赔笑脸，
好说歹说千万遍。
口干舌燥白费劲，
无济于事心不甘。

颜回快步走上前，
打躬行礼来相劝：
"这位大哥搞错了，
三八不是二十三！"

买货人，眉头攒，
手指颜回鼻子尖：
"评理我只认孔夫子，
你算老几瞎叫唤！"

颜回微笑说声好：
"如果输了你咋办？"
买货人，拍胸脯：
"我输头来你输冠！"

两人走出百货店，
去找孔子当裁判。
后面跟着一群人，
争先恐后来围观。

前因后果问清楚，
孔子当场作评判：
"三八就是二十三，
颜回输了摘布冠！"

买货人，接布冠，
戴在头上扮鬼脸。
扬长而去迈大步，
眉飞色舞带笑颜。

颜回输冠阴着脸，
心里直把老师怨。
眼看众人都散去，
孔子正色又开言：

"买货人，有些憨，
头脑愚笨缺根弦。
如果我要判你对，
他真寻死怎么办？"

颜回听罢吃一惊，
如拨云雾见晴天。
为人处世更豁达，
小是小非不纠缠！

论语精读

1. 哀公问:"弟子孰为好(hào)学?"孔子对曰:"有颜回者好学,不迁怒,不贰过。不幸短命死矣。今也则亡(wú),未闻好学者也。"(雍也 3)

【解读】 鲁哀公问孔子:"你的学生中,谁是最好学的?"孔子回答说:"弟子中有个叫颜回的最好学,他从不把怒气转移到别人身上,从不重复犯同样的错误。不幸他短命死了。现在没有这样的人了,我没有再听说过有好学的人了。"

2. 子曰:"吾与回言,终日不违,如愚。退而省其私,亦足以发,回也不愚。"(为政 9)

【解读】 孔子说:"我整天跟颜回谈话,他从来没有反对意见,像个笨人。等他回去反省自己私下的言行,还能发挥。颜回啊,不笨。"

3. 子曰:"语之而不惰者,其回也与!"(子罕 20)

【解读】 孔子说:"我讲给弟子们听而能细心领会并付诸实践的,大概只有颜回一个人吧!"

公冶长入狱

孔子学生公冶长①,
眉清目秀高鼻梁。
家境贫寒不自卑,
天资聪颖胸襟旷。

勤奋好学有志向,
德才兼备好气量。
天生异能懂鸟语,
闻听鹞鹰落草堂:

"南山有头大肥獐,
昨夜风雪被冻僵。
快去山上背回来,
你吃肉来我吃肠!"

---

① 公冶长:复姓公冶,名长,字子长,齐国人,孔子的女婿。出身贫寒,聪颖好学,德才兼备。

公冶长，精神爽，
找到鹿獐肩上扛。
回家生火炖肉吃，
肠子太臭快埋藏。

鹞鹰飞来从天降，
无肠可吃很失望。
振翅高飞回山林，
心中怨恨公冶长。

春暖花开吐芬芳，
鹞鹰上门又开腔：
"北山有头大野猪，
中箭倒在青纱帐！"

公冶长，出街巷，
跑上北山翘首望。
山脚围着一群人，
比比画画在路旁。

公冶长,下山冈,
张开嘴巴大声嚷:
"不要争,不要抢,
是我一箭射胸膛!"

跑到山下傻了眼,
有人中箭已身亡!
四周根本没野猪,
一群捕快在现场!

捕快锁链响叮当,
捆住疑犯上公堂。
狱官一拍惊堂木:
"从实招来说情状!"

公冶长,把头仰,
大呼小叫喊冤枉。
声称自己懂鸟语,
得罪鹞鹰被欺诳!

狱官闻听笑声扬，
人懂鸟语太荒唐！
下令责打二十棍，
打完收监关牢房。

公冶长，心悲怆，
身陷囹圄泪成行。
杀人命案是新闻，
不胫而走传四方。

孔子得知奔公堂，
击鼓鸣冤气昂昂。
商请狱官来验证，
他懂鸟语不虚妄！

连验三次无二样，
翻译鸟语都恰当。
狱官下令开枷锁，
当庭释放公冶长。

论语精读

1. 子谓公冶长:"可妻也。虽在缧绁(léi xiè)之中,非其罪也。"以其子妻之。(公冶长 1)

【解读】 孔子谈到公冶长,说:"可以把女儿嫁给他。虽然曾有牢狱之灾,但并不是他的罪过。"孔子把女儿嫁给了他。

2 子曰:"人而无信,不知其可也。大车无輗(ní),小车无軏(yuè),其何以行之哉?"(为政 22)

【解读】 孔子说:"一个人说话不讲信用,真不知道他怎么与人交往。就像大车没有连接横木的輗,小车没有连接横木的軏,车子怎么能走呢?"

3. 子曰:"古者言之不出,耻躬之不逮也。"(里仁 22)

【解读】 孔子说:"古人不轻易许诺,是因为他们以行动不能兑现许诺为耻。"

4. 子曰:"放于利而行,多怨。"(里仁 12)

【解读】 孔子说:"追逐个人的私利而行动,多会招来怨恨。"

朽木不可雕

鲁国少年叫宰予①，
仪表堂堂好气宇。
浓眉大眼嘴唇薄，
玉树临风七尺躯。

拜师学艺进孔门，
能言善辩莫与伦。
孔子一见心欢喜，
认定宰予非常人。

青眼有加常教诲，
循循善诱一回回。
宰予聪颖学得快，
一点就透知精微。

---

① 宰予：字子我，也称宰我，比孔子小二十九岁，鲁国人。他天资聪颖，足智多谋，能言善辩。

孔子越看越喜爱，
提醒宰予莫懈怠：
"宝剑锋从磨砺出，
梅花香自苦寒来！"

宰予表态很坚毅，
声若洪钟震四壁。
信誓旦旦说决心，
斩钉截铁志不移：

"先生叮嘱已牢记，
珍惜光阴争朝夕。
我来求学不怕苦，
三更灯火五更鸡！"

孔子闻听心欢喜，
深信不疑有希冀：
"孺子可教天分高，
日后定能成大器！"

第二天,鸡鸣晓,
旭日东升日高照。
孔子上课杏树下,
爱徒宰予没见着。

宰予宿舍睡懒觉,
不知老师已来到。
呼噜打得震天响,
一声低来一声高!

孔子气得脸发黄，
胡须颤抖手乱晃。
怒不可遏掀被子，
严加指斥声高扬：

"你是朽木不可雕，
粪土之墙难涂描！
昨日誓言犹在耳，
口是心非太轻佻！"

宰予梦中惊雷响，
浑身哆嗦如筛糠。
孔子出口骂爱徒，
只因恨铁不成钢！

论语精读

1. 子曰:"君子不以言举人,不以人废言。"(卫灵公 23)

【解读】 孔子说:"君子不因为一个人话说得好就提拔他,也不因为一个人操守不好就漠视他的话。"

2. 宰予昼寝。子曰:"朽木不可雕也,粪土之墙不可圬(wū)也!于予与何诛?"子曰:"始吾于人也,听其言而信其行;今吾于人也,听其言而观其行。于予与改是。"(公冶长 10)

【解读】 宰予白天睡觉。孔子说:"烂木头是没法雕刻的,腐土筑的墙是没法粉刷的,对宰予还怎么责备他呢?"孔子说:"以前我对人,听了他讲的就相信他的行为;现在我对人,听了他讲的还要观察一下他的行为。宰予这件事使我有了这个改变。"

3. 宰我问曰:"仁者,虽告之曰:'井有仁焉。'其从之也?"子曰:"何为其然也?君子可逝也,不可陷也;可欺也,不可罔也。"(雍也 26)

【解读】 宰我问道:"假如有人告诉仁者说:'井中有个仁人。'他应追随进入井中吗?"孔子说:"为何要这样做呢?仁者可以到井边救人而不让自己陷入井中;可以被人用正当理由欺骗,但不可以被愚弄。"

4. 宰我问:"三年之丧,期已久矣。君子三年不为礼,礼必坏;三年不为乐,乐必崩。旧谷既没,新谷既升,钻燧改火,期可已矣。"

子曰:"食夫稻,衣夫锦,于女(rǔ)安乎?"曰:"安。"

"女安,则为之! 夫君子之居丧,食旨不甘,闻乐不乐,居处不安,故不为也。今女安,则为之!"

宰我出,子曰:"予之不仁也! 子生三年,然后免于父母之怀,夫三年之丧,天下之通丧也。予也有三年之爱于其父母乎?"(阳货21)

【解读】 宰我问孔子:"父母去世后为其守丧三年,时间未免太长了。君子在三年之内不修习礼仪,礼仪一定会败坏;三年不演奏音乐,音乐一定会荒废。旧的谷子已经吃完了,新的谷子已经成熟了,取火用的木料也轮换了一遍,守孝一年也就可以了。"

孔子说:"在父母的丧期内,吃细的米饭,穿锦缎做成的衣服,你心安吗?"宰我说:"我心安。"

孔子:"你心安,那你就那样做吧! 君子守丧期间,吃美味不觉得甘美,听音乐不觉得快乐,日常生活都觉得不安生,所以不那样做。你如今心安,就那样去做吧!"

宰我出去后,孔子说:"宰予真是不仁啊! 孩子生下来长到三岁,然后才离开父母的怀抱。三年丧期,这是天下通行的丧礼。宰予不是也有父母给他的三年怀抱之爱吗?"

5. 德行:颜渊、闵子骞、冉伯牛、仲弓。言语:宰我、子贡。政事:冉有、季路。文学:子游、子夏。(先进3)

【解读】 孔子的学生中,品德行为好的有:颜渊、闵子骞、冉伯牛、仲弓。长于辞令的有:宰我、子贡。擅长政事的有:冉有、季路。熟悉了解古代文献的有:子游、子夏。

沂水论志

阳春三月白云飘,
孔子踏青到城郊。
师生围坐沂水边,
心旷神怡乐陶陶。

孔夫子,繁霜鬓,
花红柳绿满眼春。
手拈长髯看学生,
循循善诱把话问:

"自古英雄出草莽,
为国为民有担当。
他日若遂青云志,
各位有何大梦想?"

子路闻听眼睛亮，
掷地有声气昂昂：
"愿做护国大将军，
披坚执锐保家乡！"

孔子微笑不评价，
又问冉求①啥想法。
冉求缓缓站起身，
成竹在胸来回答：

"若能治理一小国，
可使百姓都安乐。
礼仪教化没把握，
期待君子来教我。"

---

① 冉求：字子有，又称冉有，孔子弟子，比孔子小二十九岁，鲁国人。多才多艺，擅长政事。

孔子听罢笑嘻嘻，
转身再问公西赤①。
公西赤，忙起立，
毕恭毕敬表心迹：

"带兵治国非我志，
愿在朝堂做司仪。
主持祭祀和会盟，
迎来送往都循礼。"

孔子听完把头低，
同样问题问曾皙②，
曾皙弹瑟声放慢，
曲终收手将身立：

---

① 公西赤：字子华，又称公西华，孔子弟子，比孔子小四十二岁，鲁国人。相貌堂堂，擅长外交礼仪。
② 曾皙（xī）：曾点，字皙，曾参之父，孔子早期弟子。

"我的志向不一样,
想开一间小学堂。
带着学生下沂河,
洗澡吹风把歌唱!"

孔子闻言喜盈盈,
仰望蓝天发叹声:
"百年树人大事业,
你的志向我赞成!"

论语精读

子路、曾皙、冉有、公西华侍坐。

子曰:"以吾一日长乎尔,毋吾以也。居则曰:'不吾知也!'如或知尔,则何以哉?"

子路率尔而对曰:"千乘(shèng)之国,摄乎大国之间,加之以师旅,因之以饥馑(jǐn),由也为之,比及三年,可使有勇,且知方也。"

夫子哂(shěn)之。

"求,尔何如?"

对曰:"方六七十,如五六十,求也为之,比及三年,可使足民。如其礼乐,以俟君子。"

"赤,尔何如?"

对曰:"非曰能之,愿学焉!宗庙之事,如会同,端章甫,愿为小相焉。"

"点,尔何如?"

鼓瑟希,铿(kēng)尔,舍瑟而作,对曰:"异乎三子者之撰(zhuàn)。"

子曰:"何伤乎?亦各言其志也。"

曰:"莫(mù)春者,春服既成,冠者五六人,童子六七人,浴乎沂(yí),风乎舞雩(yú),咏而归。"

夫子喟(kuì)然叹曰:"吾与点也!"

三子者出，曾皙后。曾皙曰："夫三子者之言何如？"

子曰："亦各言其志也已矣。"

曰："夫子何哂由也？"

曰："为国以礼，其言不让，是故哂之。"

"唯求则非邦也与？"

"安见方六七十如五六十而非邦也者？"

"唯赤则非邦也与？"

"宗庙会同，非诸侯而何？赤也为之小，孰能为之大？"（先进26）

【解读】 子路、曾皙、冉有、公西华四个人陪侍孔子坐着。

孔子说："不必因为我比你们年长一些而感到拘束不安。你们平时总说：'没有人了解我呀！'假如有人了解你们，起用你们，那你们要怎样去做呢？"

子路马上抢着回答："假如有一个千乘之国，被大国胁迫，还有军队来侵犯，加上国内又闹饥荒，让我去治理，只要三年，就可以使人们勇敢善战，而且懂得道理。"

孔子听了，微微一笑。

孔子又问："冉求，你呢？"

冉求答道："假如有一个国土六七十里或五六十里见方的国家，让我去治理，三年以后，就可以使百姓富足。至于这个国家的礼乐教化，就要等君子来施行了。"

孔子又问："公西赤，你呢？"

公西赤答道："我不敢说能，但是我愿意学着去做。在宗庙祭祀的活动中，或者诸侯会盟时，我愿意穿着礼服，戴着礼帽，做一个小司仪。"

孔子又问："曾点，你呢？"

曾点弹瑟的节奏逐渐放慢，接着"铿"的一声，便离开瑟站起来，回答说："我想的和他们三个说的不一样。"

孔子说："那有什么关系呢？也就是各人说说自己的志向而已。"

曾皙说："暮春三月，春天的衣服早就穿上了，我和五六个成年人，六七个少年，去沂河里洗洗澡，在舞雩台上吹吹风，一路唱着歌走回来。"

孔子长叹一声说："我赞同曾点啊！"

子路、冉有、公西华三个人都出去了，曾皙后走。他问孔子说："他们三人的话怎么样？"

孔子说："也就是各自谈谈自己的志向罢了。"

曾皙问："夫子为什么要笑仲由呢？"

孔子说："治理国家要靠礼，可是他说话一点也不谦让，所以我笑他。"

曾皙又问："那么冉求讲的不是治理国家吗？"

孔子说："哪里见得六七十里或五六十里见方的地方就不是国家呢？"

曾皙又问："那么公西赤讲的不是治理国家吗？"

孔子说："宗庙祭祀和诸侯会盟，不是诸侯之国又是什么？像公西赤这样的人如果只能做一个小司仪，那谁又能做大司仪呢？"

黄口小麻雀

曲阜城东小清河，
水流潺潺泛光波。
河旁两排垂杨柳，
柳枝随风舞婆娑。

孔子师徒树下坐，
说仁道义抚琴歌。
远处走来捕鸟人，
手提罗网树下过。

师徒住嘴齐伸脖，
争看网中啥收获。
网中鸟儿叫声悲，
尽是黄口小麻雀。

孔子一见眉头锁，
见过来人说疑惑：
"网中麻雀只只小，
不见大雀是为何？"

捕鸟人，放网罗，
微微一笑俩酒窝：
"大麻雀，很警觉，
昼警夜惕难捕获。

小麻雀，如相随，
平安无事免灾祸。
假如小雀独自飞，
最易进网难逃脱！"

说完提鸟挥手别，
麻雀哀鸣声凄恻。
孔子目送捕鸟人，
触景生情细琢磨。

迎风而立静默默，
喊来学生有话说：
"大千世界人如雀，
亲近贤士避奸邪！"

论语精读

1. 孔子曰:"益者三友,损者三友。友直,友谅,友多闻,益矣;友便辟(pián pì),友善柔,友便佞(nìng),损矣。"(季氏 4)

【解读】 孔子说:"三种朋友有益,三种朋友有害。与正直的人为友,与诚信的人为友,与见多识广的人为友,那是有益的;与装腔作势的人为友,与刻意讨好的人为友,与花言巧语的人为友,那是有害的。"

2. 子贡问友。子曰:"忠告而善道之,不可则止,毋自辱焉。"(颜渊 23)

【解读】 子贡请教交友之道。孔子说:"朋友若有过错,要真诚相待而委婉劝导;他若不肯听从,就闭口不说,以免自取其辱。"

3. 子曰:"主忠信,毋友不如己者,过则勿惮改。"(子罕 25)

【解读】 孔子说:"以忠信为做人处世的原则,不结交德行不如自己的人。有了过错不怕改正。"

4. 子曰:"人无远虑,必有近忧。"(卫灵公 12)

【解读】 孔子说:"一个人如果没有长远的考虑,一定会有眼前的忧患。"

5. 曾子曰:"君子以文会友,以友辅仁。"(颜渊 24)

【解读】 曾子说:"君子以文章学问来结交志同道合的朋友,并依靠朋友帮助自己培养仁德。"

公索败家

鲁国贵族公索氏，
豪宅亭榭映蔽日。
世代公卿传家久，
富甲一方人人知。

宝马香车缠金丝，
仆从络绎各司职。
家大业大金银多，
天天锦衣和玉食。

公索氏，搞祭祀，
一年一度不延迟。
鸡鸭鱼肉全齐备，
祭祀牲牛却丢失。

府里府外到处找，
没有牲牛的踪迹。
万般无奈上街买，
以驴代牛真滑稽！

孔子闻听长叹息，
批评公索不成器。
预言他家将败亡，
大厦将倾两年期！

冬去春来风和曦，
公索败家有消息。
弟子前来见孔子，
"您预言准确太神奇！"

孔子挺身桌后立，
寻本溯源细分析：
"祭祀只为敬先祖，
竭忠尽力才仁义！

公索氏,丢牲牛,

忠孝仁义全抛弃。

如果这样不败亡,

天理难容千古稀!"

论语精读

1. 祭如在，祭祀如神在。子曰："吾不与（yù）祭，如不祭。"（八佾12）

【解读】 孔子在祭祖先的时候，就像祖先真在受祭；祭神的时候，也好像真有神在受祭。孔子说："我如果没有亲自参加祭祀，对于我就像没祭一样。"

2. 林放问礼之本。子曰："大哉问！礼，与其奢也，宁俭；丧，与其易也，宁戚。"（八佾4）

【解读】 林放问什么是礼的根本。孔子回答说："你的问题意义重大！就礼节仪式的一般情况而言，与其奢侈，不如节俭；就丧事而言，与其仪式上治办周备，不如内心真正哀伤。"

3. 子曰："奢则不孙（xùn），俭则固。与其不孙也，宁固。"（述而36）

【解读】 孔子说："奢侈就会变得不谦逊，俭约就会流于固执。与其骄傲，宁可固执点。"

4. 子贡欲去告朔（shuò）之饩（xì）羊。子曰："赐也！尔爱其羊，我爱其礼。"（八佾17）

【解读】 子贡想废除祭祖告朔之礼所供的活羊。孔子说："赐啊！

你舍不得那只羊,我舍不得那种礼。"

5. 子曰:"居上不宽,为礼不敬,临丧不哀,吾何以观之哉?"(八佾26)

【解读】 孔子说:"居于执政地位的人,不能宽厚待人,行礼时不严肃,参加丧礼不悲哀,这种情况我怎么能看下去呢?"

阳虎与孔子

秋风怒号吹雨骤,
螳螂捕蝉雀在后。
季孙越权掌朝政,
后院起火祸临头。

季孙家臣叫阳虎,
阴险毒辣耍权术。
控制季孙和国君,
把持朝政掌中枢。

阳虎执政需人才,
深知孔子栋梁材。
几次邀请被婉拒,
蒸头乳猪送过来。

与人交往重礼节,
受人乳猪需面谢。
人说孔子最懂礼,
在家等你来见我!

阳虎用心已昭然,
欲用孔子撑门面。
为虎作伥非所愿,
最好还是不相见。

决心已定想办法,
阳虎离家才出发。
冤家路窄太凑巧,
恰巧路上碰到他。

阳虎翻身下骏马,
面目狰狞似恶煞。
拦住去路相质问,
挺胸凸肚叫喳喳:

"有本领，却藏身，
国家大事不过问。
当官机会全错过，
这是智啊还是仁？"

阳虎势大不招惹，
孔子唯唯又诺诺。
口头答应愿当官，
回家继续去教学。

论语精读

1.阳货欲见孔子,孔子不见,归(kuì)孔子豚。

孔子时其亡也,而往拜之。遇诸涂。

谓孔子曰:"来!予与尔言。"曰:"怀其宝而迷其邦,可谓仁乎?"曰:"不可。好从事而亟(qì)失时,可谓知(zhì)乎?"曰:"不可。日月逝矣,岁不我与。"

孔子曰:"诺。吾将仕矣。"(阳货1)

【解读】 阳货想让孔子来见他,而孔子不愿和他相见,于是,阳货就赠送孔子一头小蒸猪。

孔子趁阳货不在家的时候,前往他家去拜谢他。不料在半路上遇见了阳货。

阳货对孔子说:"来!我跟你说几句话。"阳货问:"自己有学问,却藏身不参与国家政事管理,任凭自己的国家混乱不已,可以算是有仁德的人吗?"阳货自己回答说:"不可以。"又问:"一个有学问的人希望做官参与政事,但是屡次错过机会,可以称得上是一个有智慧的人吗?"阳货自己又回答:"不可以。时间在流逝,一旦错过就不再属于你了。"

孔子敷衍地说:"好吧,我就要出来做事了。"

2.子曰:"道不同,不相为谋。"(卫灵公40)

【解读】 孔子说:"如果彼此之间的原则主张不同,就不要在一起谋图事业。"

3. "子曰:"知及之,仁不能守之,虽得之,必失之。知及之,仁能守之,不庄以莅(lì)之,则民不敬。知及之,仁能守之,庄以莅之,动之不以礼,未善也。"(卫灵公33)

【解读】 孔子说:"通过聪明才智得到它,却不能用仁德守持它,即使得到,也一定会失去。聪明才智足以得到它,仁德可以守持它,却不用庄重的态度来治理百姓,那么百姓就不会尊敬他。聪明才智足以得到它,仁德可以保持它,用庄重的态度以临其民,役使百姓时却不符合礼的要求,那也是不好的。"

4. 孔子曰:"天下有道,则礼乐征伐自天子出;天下无道,则礼乐征伐自诸侯出。自诸侯出,盖十世希不失矣;自大夫出,五世希不失矣;陪臣执国命,三世希不失矣。天下有道,则政不在大夫。天下有道,则庶人不议。"(季氏16)

【解读】 孔子说:"天下有道,制礼作乐和出兵打仗都由天子决定;天下无道,制礼作乐和出兵打仗都由诸侯决定。由诸侯决定,大概传到十世很少有不失掉的;由大夫决定,传到五代很少有不失掉的;由家臣把持国家政权,传到三代很少有不失掉的。天下有道,国家政权就不会落到大夫手中。天下有道,老百姓也就不会对国家政治议论纷纷了。"

5. 子曰:"禄之去公室五世矣,政逮(dài)于大夫四世矣,故夫三桓之子孙微矣。"(季氏3)

【解读】 孔子说:"鲁国国君失去爵禄堂罚的权力已经有五代了,政权落到大夫之手已经有四代了。所以三桓的子孙也衰微了。"

待价而沽

花凋花谢花复开，
燕去燕回燕归来。
三桓阳虎乱朝纲，
孔子教书十四载。

学问修养至臻境，
四方学子都慕名。
纷至沓来到曲阜，
齐聚孔门沐春风。

有教无类传六艺，
文行忠信成体系。
因材施教育英杰，
乐在其中不知疲。

孔子才大有名望，
满腹经纶济四方。
时常有人来相问，
"何不从政上朝堂？"

夫子闻言笑盈盈：
"我教人孝悌淳民风！
春风化雨安百姓，
何必当官立朝中？"

众弟子，起议论，
半信半疑不敢问。
"老师才高志也大，
有官不做会安心？"

孔子学生叫子贡①，
面如冠玉目炯炯。
按捺不住找老师，
小心翼翼探口风：

---

① 子贡：姓端木，名赐，字子贡。孔子学生，小孔子三十一岁，卫国人。善于雄辩和经商。

"我有宝玉亮晶晶,
稀世之珍价连城。
是该把它卖出去,
还是装盒藏家中?"

孔夫子,把眼眨,
心领神会笑哈哈。
一语双关连声说,
应当赶紧卖掉它!

子贡口才实在棒,
以玉喻人打比方。
探知夫子风云志,
静等良机振朝纲!

论语精读

1. 子贡曰:"有美玉于斯,韫椟（yùn dú）而藏诸?求善贾（gǔ）而沽诸?"子曰:"沽之哉!沽之哉!我待贾者也!"（子罕13）

【解读】 子贡说:"这里有一块美玉,您是把它放在匣子里收藏起来呢,还是找识货的商人卖出去呢?"孔子说:"卖出去吧!卖出去吧!我就是在等待识货的商人呢!"

2. 或谓孔子曰:"子奚不为政?"子曰:"《书》云:'孝乎惟孝,友于兄弟,施于有政。'是亦为政,奚其为为政?"（为政21）

【解读】 有人对孔子说:"你为什么不参与政治呢?"孔子说:"《尚书》中说:'孝敬父母,友爱兄弟,将这种风气影响到卿相大臣。'这也是参与政治,为什么一定要做官才是参与政治呢?"

3. 子贡问曰:"赐也何如?"子曰:"女,器也。"曰:"何器也?"曰:"瑚琏也。"（公冶长4）

【解读】 子贡问道:"我怎么样啊?"孔子说:"你好比一个器皿。"子贡问道:"是什么器皿?"孔子回答道:"你就像那贵重华美的瑚琏一样。"

4. 子曰:"回也其庶乎,屡空。赐不受命,而货殖焉,亿则屡中。"（先进19）

【解读】 孔子说:"颜回了解我的学说差不多了,可是生活却常常贫穷。端木赐还不很了解我的学说,但他从事商业活动,猜测行情,竟然常常猜中。"

5. 子贡曰:"贫而无谄,富而无骄,何如?"子曰:"可也。未若贫而乐,富而好礼者也。"

子贡曰:"《诗》云:'如切如磋,如琢如磨。'其斯之谓与?"子曰:"赐也,始可与言《诗》已矣,告诸往而知来者。"(学而 15)

【解读】 子贡请教孔子,说:"贫困了不谄媚,富足了不傲慢,怎么样呢?"孔子说:"可以了。不过还不如贫困时好学乐道,富足时爱好礼义的人。"

子贡说:"《诗经》中说:'好像象牙经过切割和磋治,好像美玉经过雕琢和研磨。'说的应该就是这个意思吧?"孔子说:"赐呀,现在可以开始与你一起讨论《诗经》了,告诉你以往的事情,你可以推知未知的道理。"

6. 子贡曰:"我不欲人之加诸我也,吾亦欲无加诸人。"子曰:"赐也,非尔所及也。"(公冶长 12)

【解读】 子贡说:"我不愿别人把不义的事情强加于我,我也不想把不义的事情加到别人身上。"孔子说:"赐啊,这不是你所能做到的。"

7. 子曰:"宁武子,邦有道,则知;邦无道,则愚。其知可及也,

其愚不可及也。"（公冶长 21）

【解读】 孔子说："宁武子这个人，在国家政治清明时，他显得很明智；在政治黑暗时，就假装愚笨的样子。他的聪明别人赶得上，他假装愚笨别人是难以赶上的。"

8. 子贡曰："如有博施于民而能济众,何如？可谓仁乎？"子曰："何事于仁，必也圣乎！尧、舜其犹病诸！夫仁者，己欲立而立人，己欲达而达人。能近取譬，可谓仁之方也已。"（雍也 30）

【解读】 子贡说："如果一个人能广泛地给民众好处，而且能够帮助众人生活得很好，这个人怎么样？可以说他有仁德吗？"孔子说："哪里仅仅是仁德呢？那一定是圣德了！尧、舜大概都难以做到！一个有仁德的人，自己想树立的，同时也帮助别人树立；自己要事事通达顺畅，同时也使别人事事通达顺畅。凡事能够推己及人，可以说是实行仁道的方法了。"

不相为谋

光阴荏苒日复日,
孔子转眼已五十。
鬓须斑白染风霜,
报国无门岁月驰。

鲁国国君无实权,
礼乐征伐出三桓。
三桓家臣势力大,
拥兵自重不服管。

孔子空有济世才,
无处用武空伤怀。
时常河边看流水,
仰天长叹发感慨:

"大河奔流水澎湃,
日月如梭不我待。
光阴似水催人老,
大志难抒实可哀!"

季氏家臣姓公山，
割据费邑搞叛乱。
反戈一击攻季氏，
邀请孔子去做官。

孔子受邀动了心，
收拾行李欲上任。
子路跳跃拦车马，
怒气冲冲来质问：

"公山不狃①是叛臣，
犯上作乱天下闻。
好鞋不踩臭狗屎，
夫子为何跟他混？"

① 公山不狃：公山弗扰，季氏家臣，曾经与阳虎共谋叛乱。

孔夫子，面色窘，
直言不讳说初衷：
"公山请我岂白请，
我要出山建奇功！"

"夫子说过道不同，
不相为谋做事情。
公山叛主又叛国，
君子岂能去辅佐？"

听完子路一番话，
孔子命人停车马。
从谏如流不犹豫，
再寻时机展才华。

论语精读

1. 公山弗扰以费畔（bì pàn），召，子欲往。

子路不说（yuè），曰："末之也已，何必公山氏之之也？"

子曰："夫召我者，而岂徒哉？如有用我者，吾其为东周乎！"（阳货5）

【解读】 公山弗扰在费邑反叛季氏，召孔子前往，孔子想去。

子路不高兴，说："没有地方可去，就哪里也不要去了，为什么非要去叛乱的公山氏那里呢？"

孔子回答说："那个召我去的人，难道是白白地召我去吗？如果有人任用我，我要把它建设成东周那样兴盛的王朝！"

2. 子在川上曰："逝者如斯夫！不舍昼夜。"（子罕17）

【解读】 孔子在河岸上说："流逝的时光像这河水一样，日夜不停地流去。"

3. 子曰："当仁不让于师。"（卫灵公36）

【解读】 孔子说："面对着仁德，即使是老师，也不能谦让。"

4. 佛肸（xī）召，子欲往。

子路曰："昔者由也闻诸夫子曰：'亲于其身为不善者，君子不入也。'佛肸以中牟畔，子之往也，如之何？"

子曰:"然。有是言也。不曰坚乎,磨而不磷;不曰白乎,涅而不缁。吾岂匏瓜也哉?焉能系而不食?"(阳货7)

【解读】 佛肸召孔子前往。孔子想去。

子路说:"过去我听您说过:'亲自做坏事的人那里,君子是不去的。'现在佛肸盘踞中牟搞叛乱,而老师想去,这是为什么呢?"

孔子说:"是的。我是说过这样的话。但不是有那些极其坚硬的东西吗,不论怎么磨也磨不薄;不是有那些洁白的东西吗,不论怎么用黑色的染料染色也不会变黑。我难道是一只匏瓜吗?只能系在藤上而不能食用吗?"

第四章
五十知天命

出仕中都

乌云密布山河暗，
阳虎独裁已三年。
囚禁少主季孙斯①，
国君三桓靠边站。

季孙斯，有心计，
阳虎阴谋全洞悉。
临危不乱惊车马，
虎口脱险反戈击。

定公②三桓大联合，
群起而攻除奸邪。
大势已去快逃亡，
阳虎仓皇奔齐国。

---

① 季孙斯：季桓子。春秋时鲁国执政卿大夫。
② 定公：鲁定公，鲁国国君。

阳虎一党猢狲散,
三桓上台重掌权。
治国理政需贤臣,
邀请孔子下杏坛。

汶水静流明如镜,
两岸垂绿迎春风。
孔子受命中都宰,
新官上任马蹄轻。

中都城在汶水西,
三万人家五六里。
车水马龙人熙攘,
贫富贵贱类不齐。

有个羊贩沈犹氏,
羊肉注水上早市。
弄虚作假骗顾客,
耍奸使诈谋暴利。

有个富豪慎溃氏,
花天酒地无节制。
欺男霸女常作恶,
为所欲为乱法纪。

孔子到任细察访,
社情民意记心上。
有的放矢下政令,
礼仪刑罚定规章。

规章施行整一年，
中都面貌生巨变。
沈犹不敢再掺假，
慎溃出国逃天边。

中都模式惊诸侯，
各国取经鲁国游。
定公见了心欢喜，
晋升孔子大司寇！

论语精读

1. 子曰:"为政以德,譬如北辰,居其所而众星共(gǒng)之。"(为政1)

【解读】 孔子说:"以德行来治理国家,就像北极星一样,安坐在它的位置上,其他星星都自然而然地环绕着它。"

2. 叶公问政。子曰:"近者说,远者来。"(子路16)

【解读】 叶公请教为政的道理。孔子说:"使境内的人生活美好,使境外的人前来归依。"

3. 子曰:"道千乘(shèng)之国,敬事而信,节用而爱人,使民以时。"(学而5)

【解读】 孔子说:"治理一个拥有千乘兵车的国家,要尽忠职守,令出必行,节省支出,爱护众人,选择适当的时候征用百姓服劳役。"

4. 子曰:"道(dǎo)之以政,齐之以刑,民免而无耻;道之以德,齐之以礼,有耻且格。"(为政3)

【解读】 孔子说:"以政令来治理,以刑罚来管束,百姓免于犯罪但是不知羞耻;以德行来教化,以礼制来约束,百姓有羞耻心,还能真心归服。"

师徒言志

星河点点西流光,
明月皎皎照学堂。
孔子挑灯抚瑶琴,
子路颜回正欣赏。

琴声激越慨而慷,
渐渐舒缓鸾凤翔。
曲终一拨裂金石,
余音袅袅声绵长。

一曲弹罢心欢畅,
目视弟子开了腔:
"两位出仕将做官,
做官之后啥志向?"

子路应声走上前，
语调铿锵说心愿：
"车马衣服朋友用，
用坏我也不埋怨！"

颜回接着来回答，
神态从容又儒雅：
"自己职责勇担当，
取得成绩不自夸！"

子路心情很振奋，
笑对老师来相问：
"夫子将任大司寇，
有何宏愿系在心？"

孔子抬头哈哈笑：
"愿在鲁国行大道！
既安老，又怀少，
朋友互信常相交！"

论语精读

1. 颜渊、季路侍。子曰："盍（hé）各言尔志？"

子路曰："愿车马衣轻裘，与朋友共，敝之而无憾。"

颜渊曰："愿无伐善，无施劳。"

子路曰："愿闻子之志。"

子曰："老者安之，朋友信之，少者怀之。"（公冶长 26）

【解读】 颜渊和季路站在孔子的身边。孔子说："你们何不说说自己的志向？"

子路说："我希望把自己的车子、马匹、单衣、皮袍与朋友共享，即使用坏了也没有一点遗憾。"

颜渊说："我希望不夸耀自己的优点，不把劳苦的事情推给别人。"

子路说："希望听到老师的志向。"

孔子说："我的志向是，使老年人都得到赡养，使朋友们都互相信赖，使年轻人都得到关怀。"

2. 子使漆雕开仕，对曰"吾斯之未能信。"子说。（公冶长 6）

【解读】 孔子叫学生漆雕开去做官。漆雕开回答说："我对此事还没有信心。"孔子听了很高兴。

3. 子曰："三年学，不至于谷，未易得也。"（泰伯 12）

【解读】 孔子说："学了三年，仍不想出仕为官，很难得啊！"

孔子断案

云开天晴风雪后，
孔子升任大司寇。
升堂断案穿官服，
郑重其事思虑周。

击鼓喊冤人众多，
从早到晚不停歇。
孔子坐堂逐个审，
邀请陪审共斟酌。

审理完毕要定案，
陪审逐个谈意见。
孔子虚心认真听，
集思广益后拍板。

审案之余写孝经，
孝悌仁义劝民众。
就近取譬治家国，
教化法治两手硬。

五月南风大麦黄，
一对父子上公堂。
父亲告子不孝顺，
孔子下令关牢房。

此时孝道入人心，
案发哗然起舆论。
人人都说儿该杀，
不孝之子太可恨。

只关不审整半年，
父亲主动请撤案。
孔子命人开牢门，
父子和好回家转。

学生子路气昂昂，
对着夫子高声嚷：
"儿子不孝须严罚，
网开一面不应当！"

孔子微笑来回答：
"治国首要是教化！
刑罚为辅不滥用，
没有案子为最佳！"

论语精读

1. 子曰:"听讼,吾犹人也。必也使无讼乎!"(颜渊 13)

【解读】 孔子说:"审理诉讼案件,我同别人差不多。一定要做到没有诉讼案件发生才好。"

2. 孟氏使阳肤为士师,问于曾子。曾子曰:"上失其道,民散久矣。如得其情,则哀矜而勿喜。"(子张 19)

【解读】 孟氏任命阳肤为典狱官,阳肤向曾子请教。曾子说:"现在政治领袖的言行失去规范,百姓离心离德已经很久了。你如果查出罪犯的实情,要有难过怜悯之心,千万不要沾沾自喜。"

3. 叶公语孔子曰:"吾党有直躬者,其父攘羊而子证之。"孔子曰:"吾党之直者异于是:父为子隐,子为父隐,直在其中矣。"(子路 18)

【解读】 叶公对孔子说:"我们家乡有个正直的人,他的父亲偷了人家的羊,他告发了他的父亲。"孔子说:"我家乡的正直的人和你讲的正直人不一样:父亲为儿子隐瞒,儿子为父亲隐瞒。正直就在其中了。"

孔子多爱

风调雨顺百花放，
孔子做官有声望。
鲁国君臣都钦服，
司寇兼任副国相。

内心兴奋不抑制，
脸上时常带喜气。
学生登门来劝规，
忧心忡忡说疑虑：

"老师教人做君子，
祸不忧惧福不喜。
您登高位喜洋洋，
眉开眼笑不适宜！"

孔子闻言笑眯眯，
开诚布公表心迹：
"身居高位有权力，
造福于民心怡怡！"

孔子官大待遇优,

俸禄粟米六万斗。

请来原宪①当管家,

支付九百高薪酬。

学生原宪家虽贫,

嫌多推辞不依顺。

孔子好言来相劝:

"你可救济众乡亲!"

孔子在家设酒宴,

高朋满座笑语喧。

邀请乐师来演奏,

中有一人名叫冕。

---

① 原宪:字子思,亦称原思,鲁国人,孔子学生,比孔子小三十六岁。出身贫寒,安贫乐道。

双目失明看不见,
拄杖摸索台阶前。
孔子迎接手相搀,
座席宾客细指点。

孔家骏马十余匹,
扬鬃奋蹄千里驹。
孔子出门马拉车,
栉风沐雨伴朝夕。

一日散朝刚回家,
马厩失火烟尘杂。
孔子心焦忙探问,
只问人来不问马!

论语精读

1.原思为之宰,与之粟九百,辞。子曰:"毋!以与尔邻里乡党乎!"(雍也 5)

【解读】 原思给孔子家当总管,孔子给他小米九百斗,他不肯接受这么多。孔子说:"不要推辞!多的可以分给邻里乡亲啊!"

2.师冕见,及阶,子曰:"阶也。"及席,子曰:"席也。"皆坐,子告之曰:"某在斯,某在斯。"

师冕出。张问曰:"与师言之道与?"子曰:"然。固相师之道也。"(卫灵公 42)

【解读】 乐师冕来见孔子,走到台阶前,孔子说:"这里是台阶。"走到座席旁,孔子说:"这里是座席。"大家坐定之后,孔子告诉他说:"某人在这里,某人在这里。"

师冕告辞走了。子张请教说:"这是与盲者说话的方式吗?"孔子说:"对的,这当然就是帮助乐师的方式。"

3.厩(jiù)焚。子退朝,曰:"伤人乎?"不问马。(乡党 17)

【解读】 马棚失火了。孔子退朝回来,问道:"伤着人了吗?"没问马的情况。

4.乡人饮酒,杖者出,斯出矣。(乡党 13)

【解读】 同本乡人在一起饮酒,等拄杖的老人走出去以后,自己才走出去。

5. 朋友死,无所归,曰:"于我殡。"(乡党22)

【解读】 朋友死了,没有地方安葬。孔子说:"我来安葬他。"

6. 子曰:"出则事公卿,入则事父兄,丧事不敢不勉,不为酒困,何有于我哉?"(子罕16)

【解读】 孔子说:"在朝廷上忠诚地服侍公卿,在家尽心地服侍父兄,丧事不敢不尽礼,不为酒所困。这些事我都做到了哪些呢?"

7. 孔子于乡党,恂(xún)恂如也,似不能言者。其在宗庙朝廷,便便言,唯谨尔。(乡党1)

【解读】 孔子在自己的乡亲面前非常恭顺,好像不善言辞。在宗庙朝廷上,该说的时候他便明白晓畅地表达出来,只是言语较为谨慎。

8. 朝,与下大夫言,侃侃如也;与上大夫言,誾(yín)誾如也。君在,踧(cù)踖(jí)如也,与与如也。(乡党2)

【解读】 在朝堂上,君主不在时,同下大夫说话,温和而快乐的样子;同上大夫说话,正直而恭敬的样子。君主来了以后,心中恭敬而不安的样子,行步安详的样子。

闻一知十

旭日升,东方红,
孔子奉命进王宫。
颜回子贡侍左右,
马蹄声声穿秋风。

宫门外,马车停,
师徒下车见定公。
定公正在演武场,
高台阅兵起豪兴。

演武场上士气盛,
战旗飘飘马驰骋。
驾车国手东野毕,
大呼小叫抖缰绳。

定公看罢很满意,
对着颜回提问题:
"你可认识东野毕?
驾车技术数第一!"

颜回上前深施礼,
开诚布公说疑虑:
"他驾车技术是很好,
可惜战马会逃逸!"

鲁定公,很扫兴,
眉头紧皱脸紧绷:
"你是儒生不懂马,
信口乱说可不行!"

三天后,有人报,
两匹战马已脱逃。
马主正是东野毕,
定公急把颜回召:

"东野毕，马将逃，
你如何提前会知道？"
颜回朗声来回答：
"这些都是夫子教！

从前大舜治天下，
爱惜民力不过劳。
东野毕，打马急，
马力已竭必逃跑！"

论语精读

1. 子谓子贡曰:"女与回也孰愈?"对曰:"赐也何敢望回?回也闻一知十,赐也闻一以知二。"子曰:"弗如也,吾与女弗如也。"(公冶长9)

【解读】 孔子对子贡说:"你和颜回哪个更强些?"子贡回答说:"我怎么敢和颜回比呢?他得知一件事,可以推知十件事。我得知一件事,只能推知两件事。"孔子说:"是不如他,我和你都不如他。"

2. 子曰:"不愤不启,不悱(fěi)不发,举一隅不以三隅反,则不复也。"(述而8)

【解读】 孔子说:"不到他努力想懂而懂不了,我不去开导他;不到他努力想说而说不出,我不去启发他。告诉他一个方面,他不能随之联想到另外三个方面,我就不再教他了。"

3. 子曰:"不逆诈,不亿不信,抑亦先觉者,是贤乎!"(宪问31)

【解读】 孔子说:"不预先怀疑别人,不臆测他人不诚实,然而却能事先觉察别人的阴谋或不诚信,这样的人就是贤人了。"

既往不咎

曲阜城，南北长，
有条胡同叫互乡。
居民小气又刁蛮，
蛮不讲理恶名扬。

互乡旁边是达巷，
民风淳朴有声望。
孔子学堂在此地，
街坊四邻皆善良。

互乡有个张铁匠，
满脸横肉歪鼻梁。
脾气暴躁没礼貌，
人们见他躲路旁。

张铁匠，煮菜汤，
煮熟之后细品尝。
自我感觉味道好，
找个瓦罐趁热装。

喊来儿子小铁匠:
"快到达巷跑一趟!
这罐菜汤送孔子,
健胃开脾滋味香!"

孔子接受心欢畅,
眉开眼笑道谢忙。
如同接受大馈赠,
心花怒放喜洋洋。

子路不解说迷惘：
"最难相处是互乡！
瓦罐简陋盛青菜，
先生为何喜欲狂？"

孔子张口笑声扬，
和颜悦色开了腔：
"互乡之人名声差，
不懂礼仪没修养。

今日铁匠送菜汤，
诚心实意让我尝。
说明他也心向善，
既往不咎理应当！"

论语精读

1. 哀公问社于宰我。宰我对曰:"夏后氏以松,殷人以柏,周人以栗(lì),曰,使民战栗。"子闻之,曰:"成事不说,遂事不谏,既往不咎。"(八佾 21)

【解读】 鲁哀公问宰我关于做社祭的事,问他做神主用什么木料。宰我答道:"夏朝用松木,殷朝用柏木,周朝用栗木,用栗木是要使百姓害怕得发抖。"孔子听说了,说:"已经完成的事就不用再说了,已经在做的事不用再去劝阻了,已经过去的事也不必再追究了。"

2. 互乡难与言,童子见,门人惑。子曰:"与其进也,不与其退也。唯何甚?人洁己以进,与其洁也,不保其往也。"(述而 29)

【解读】 互乡这个地方的人难于交谈,一个童子却得到了孔子的接见,学生们都疑惑不解。孔子说:"我们赞许他的进步,不赞许他的退步。何必太过分呢?人家改正了错误以求进步,我们赞许他改正错误,不要死抓住他的过去不放。"

3. 子温而厉,威而不猛,恭而安。(述而 38)

【解读】 孔子温和而严厉,威严而不可怕,恭敬而安详。

4. 子钓而不纲,弋不射宿。(述而 27)

【解读】 孔子钓鱼但不用网,孔子射鸟但不射归巢的鸟。

5. 子不语怪、力,乱、神。(述而 21)

【解读】 孔子不谈论怪异、强力、暴乱、鬼神。

不杀公伯寮

鲁国书生公伯寮[①],
富家子弟穿绣袍。
提着肉干拜孔子,
求学三年受指教。

季孙斯,正当朝,
大权在握地位高。
任命孔子当助手,
治国理政有依靠。

孔子从政行仁义,
克己复礼见成效。
担任司寇副国相,
兢兢业业不辞劳。

---

① 公伯寮:鲁国大夫,孔子学生,后背叛师门。

国事繁杂真不少，
选贤任能是至要。
孔子拜见季孙斯，
举荐子路公伯寮。

师兄师弟进季府，
同门同窗成同僚。
子路担任季氏宰，
位高权重很荣耀。

公伯寮，官职小，
不如师兄心自恼。
朝思暮想向上爬，
日日胸中妒火烧。

三都①违制城墙高,
拥兵自重成贼巢。
孔子用计堕三都,
子路带兵剑出鞘。

连堕两都孔子笑,
大功将成形势好。
孙斯渐渐生疑心:
孔子与他不同道。

伯寮一见时机到,
夜入季府说警告。
暗放冷箭射子路,
挑拨离间使阴招。

① 三都:三桓季孙氏、叔孙氏、孟孙氏所建的三座城池,即费邑、邱邑和郕邑。

季孙斯，见伯寮，
听信谗言心懊恼。
调回子路撤官职，
怨恨孔子生根苗。

大夫子服字景伯，
得知内情口唇焦。
上门拜见孔夫子，
破口大骂公伯寮：

"公伯寮，无节操，
背叛师门不害臊。
看我挥刀干掉他，
陈尸街头在今宵！"

孔子闻言把头摇，
连连摆手来劝告：
"我堕三都兴周礼，
为国为民行大道。

大道不通是天命，
岂怨小小公伯寮？
以暴制恶不可取，
请君快快收钢刀！"

论语精读

1. 公伯寮愬（sù）子路于季孙。子服景伯以告，曰："夫子固有惑志于公伯寮，吾力犹能肆诸市朝（cháo）。"

子曰："道之将行也与，命也；道之将废也与，命也。公伯寮其如命何！"（宪问36）

【解读】 公伯寮向季孙诽谤子路。子服景伯告诉了孔子，说："季孙氏已经被公伯寮迷惑了，但我的力量还能够把公伯寮杀了，把他陈尸于市。"

孔子说："道将要得到推行呢，是天命决定的；或者道将要废弃呢，也是天命决定的。公伯寮能把天命怎么样呢？"

2. 仲弓为季氏宰，问政。子曰："先有司，赦小过，举贤才。"

曰："焉知贤才而举之？"子曰："举尔所知。尔所不知，人其舍诸？"（子路2）

【解读】 仲弓做了季氏的总管，问怎样管理政事。孔子说："先责成有司各负其责，赦免他们的小过错，选拔贤才来任职。"

仲弓说："怎么才能知道谁是贤才而选拔他呢？"孔子说："选拔你所知道的。你所不知道的，别人难道会舍弃他们吗？"

3. 子路问政。子曰："先之，劳之。"请益。曰："无倦。"（子路1）

【解读】 子路问如何从政。孔子说："自己先做到勤政，然后再使老百姓勤劳。"子路请求孔子再多讲一些。孔子说："永远不要懈怠。"

弃官离鲁

春华秋实寒复暑,
孔子年近五十五。
头鬓眉须皆斑白,
从政鲁国展宏图。

会齐君,在夹谷,
文攻武卫御外侮。
以弱胜强收失地,
名扬四海震五湖。

强公室,堕三都,
讨逆除暴擂金鼓。
斗智斗勇拆两城,
背后掣肘在中枢。

鲁国振兴日初曙，
政通人和山河固。
齐国惶恐出阴招，
用计离间递国书。

一份厚礼送曲阜，
宝马良驹和舞女。
鲁定公，季孙斯，
照单全收心欢娱。

宫中饮宴看歌舞，
卜昼卜夜乱法度。
良宵苦短不上朝，
神魂颠倒骨头酥。

枕边风，起帷幕，
九华帐里飘香雾。
定公桓子齐上当，
忠奸不辨犯糊涂。

大典祭肉分大夫，
唯独不给孔夫子。
孔子翘首长叹息，
鸟尽弓藏心悲苦。

阴云翻滚风刺骨，
荆棘密布难立足。
默默转身离公堂，
仗剑去国不踌躇。

风雨潇潇离故土，
胸怀梦想上大路。
恋恋不舍回头望，
滚滚热泪湿长须！

论语精读

1.齐人归（kuì）女乐（yuè），季桓子受之，三日不朝，孔子行。（微子4）

【解读】 齐国送了一批能歌善舞的女子给鲁国，执政的季桓子接受了，与鲁定公三天不上朝理政。孔子于是离开鲁国出走了。

2.宪问耻。子曰："邦有道，谷；邦无道，谷，耻也。""克、伐、怨、欲，不行焉，可以为仁矣？"子曰："可以为难矣，仁则吾不知也。"（宪问1）

【解读】 原宪请教何为耻辱的问题。孔子说："国家有道，可以为官得到俸禄；国家无道，还为官并得到俸禄，这是可耻的。"原宪又问："好胜、自夸、怨恨、贪欲都没有的人，可以算是做到仁了吧？"孔子说："这只能算是难能可贵的了，但是不是达到仁的境界，我就不知道了。"

3.子曰："士而怀居，不足以为士矣。"（宪问2）

【解读】 孔子说："士如果留恋家庭的安逸生活，就不配做士了。"

4.子曰："邦有道，危言危行；邦无道，危行言孙。"（宪问3）

【解读】 孔子说："国家政治清明，要言行正直；国家政治昏乱，行为仍然要正直，但说话要谦虚、谨慎。"

天之木铎

阴雨霏霏风萧瑟，
孔子辞官离鲁国。
弟子闻讯紧相随，
风雨同舟披笠蓑。

卫国边境行人稀，
孔子师徒到仪①地。
安顿车马进宾舍，
长途跋涉人马疲。

孔子端坐抚瑶琴，
轻拢慢捻遣郁闷。
弟子门外击节合，
一怀愁绪泪沾襟。

---

① 仪：卫国地名。

风住雨停起炊烟,
有人敲门来谒见。
子路起身迎进屋,
原是仪地边防官:

"夫子才高声名显,
大驾光临到此间。
烦请先生去禀告,
卑职慕名访圣贤!"

仪封人,见孔子,
纵论时局与经史。
相见恨晚促膝谈,
心悦诚服认良师。

拜别孔子离宾舍,
子路相送愁眉锁。
三五弟子坐客厅,
唉声叹气不振作。

仪封人,目灼灼,
临别赠言高声说:
"各位先生别泄气,
天将夫子为木铎①!

铜铃清音春雷响,
仁义道德布八荒!
追随夫子行大道,
名垂青史百世芳!"

① 木铎:带木舌的铜铃。古时宣布文告政令,便摇铃召集群众,所以用木铎来比喻教化百姓的人。

雨住云开日高照,
一骑飞驰使者到。
手把文书见孔子,
卫君灵公①诚相邀!

风雨过后艳阳骄,
孔子师徒上官道。
精神抖擞向前走,
山高水长路遥遥。

① 灵公:姬姓,名元,春秋时期卫国第二十八代国君。

论语精读

1. 仪封人请见，曰："君子之至于斯也，吾未尝不得见也。"从者见之。出曰："二三子何患于丧乎？天下之无道也久矣，天将以夫子为木铎（duó）。"（八佾 24）

【解读】 仪地的边界守官要求见孔子，说道："凡是到这里来的君子，我从来没有见不到的。"孔子的随行学生引他去见了孔子。见到孔子出来，他说："你们几位何必为失掉官位发愁呢？天下无道已经很久了，老天将要起用先生，让他向大家传经布道呀。"

2. 子曰："若圣与仁，则吾岂敢？抑为之不厌，诲人不倦，则可谓云尔已矣。"公西华曰："正唯弟子不能学也。"（述而 34）

【解读】 孔子说："像别人说我是圣人和仁人，我怎么敢当呢？我不过是努力学习而不厌倦，教诲学生不知倦怠，如此而已罢了。"公西华说："这正是我们学生学不了的。"

3. 子曰："文，莫吾犹人也。躬行君子，则吾未之有得。"（述而 33）

【解读】 孔子说："我的外在表现是我自身的真实写照，这与别人没有什么分别。认真实践做一个君子，我还没有成功。"

名正言顺

阳光明媚日悠悠,
惠风和畅正初秋。
千里寻梦不辞远,
孔子师徒到帝丘①。

冉有驾车进城门,
孔子车中立起身。
手搭凉篷看街道,
熙熙攘攘人挤人。

---

① 帝丘:卫国首都,今 河南濮阳县西南。

孔子看罢心喜悦，
赞叹卫国人口多。
冉有回头问夫子，
人多应当做什么？

孔子展眉笑口开：
"先帮百姓富起来！
衣食无忧家家乐，
藏富于民国安泰！"

冉有闻听轻策马，
继续请教又问话：
"执政为民谋福利，
富裕之后再干啥？"

孔子应声再回答：
"民富之后需教化。
诗书礼仪传民众，
孝悌仁义安万家！"

子路同车陪先生，
瓮声瓮气出高声：
"卫君请您来辅佐，
您先从何处施国政？"

孔子回答很坚定：
"施政首先是正名！"
子路闻言哈哈笑，
口无遮拦不留情：

"天下鼎沸乱哄哄，
礼崩乐坏怎正名？
鲁国教训不汲取，
执迷迂腐事难成！"

孔子变脸心不悦，
斥责子路太粗野：
"名不正，言不顺，
言不顺，事难做！

如此何以兴礼乐？
刑罚不中民无措！
君子必先定名分，
名正言顺家国和！"

论语精读

1.子适卫，冉有仆。子曰："庶矣哉！"

冉有曰："既庶矣，又何加焉？"曰："富之。"

曰："既富矣，又何加焉？"曰："教之。"（子路9）

【解读】 孔子前往卫国，冉有为他驾车。孔子说："这里人口众多啊！"

冉有说："人口众多之后，接着应该做什么呢？"孔子说："使他们富裕起来。"

冉有说："已经富裕起来了，还应该做什么呢？"孔子说："教化他们。"

2.子路曰："卫君待子而为政，子将奚先？"

子曰："必也正名乎！"

子路曰："有是哉，子之迂（yū）也！奚其正？"

子曰："野哉，由也！君子于其所不知，盖阙如也。名不正，则言不顺；言不顺，则事不成；事不成，则礼乐不兴；礼乐不兴，则刑罚不中（zhòng）；刑罚不中，则民无所错手足。故君子名之必可言也，言之必可行也。君子于其言，无所苟而已矣！"（子路3）

【解读】 子路说："卫君请您去辅佐他治国理政，您要先做什么？"

孔子说："那一定要先纠正名分了！"

子路说："这样啊，您未免太迂腐了！何必要纠正名分呢？"

孔子说:"你真是粗野啊,仲由!君子对于自己不懂的事,应该保留意见不说。名分不纠正,言语就不合理;言语不合理,做事就不会成功;做事不成功,礼乐就不能推行;礼乐不能推行,刑罚就不得当;刑罚不得当,百姓就惶惶然不知所措了。因此,君子先定名分,话才说得出口;话说得出口,事情才办得成。君子对于自己的言论,要做到一丝不苟啊!"

3. 子曰:"苟有用我者,期月而已可也,三年有成。"(子路10)

【解读】 孔子说:"如果有人任用我治理国家,一年便可以做出成绩,三年就会成功。"

4. 子曰:"鲁卫之政,兄弟也。"(子路7)

【解读】 孔子说:"鲁国和卫国的政治,就像兄弟一样。"

5. 子谓卫公子荆:"善居室。始有,曰:'苟合矣。'少有,曰:'苟完矣。'富有,曰:'苟美矣。'"(子路8)

【解读】 孔子谈到卫国公子荆时说:"他善于居家理财。刚开始有一点,他说:'差不多足够了。'稍多一点,他说:'差不多完备了。'更多一点时,他说:'差不多完美了。'"

听天由命

卫国国君卫灵公，
求贤若渴享美名。
闻听孔子师徒到，
宫门大开喜相迎。

钟鼓齐鸣乐声扬，
文臣武将立两行。
宾主施礼齐落座，
相谈甚欢精神爽。

卫灵公，有雅量，
礼贤下士不虚妄。
年俸粟米六万斗，
一如孔子在故乡。

孔子初来待遇优，
文武大臣齐翘头。
料知灵公将重用，
几人欢喜几人愁。

初来乍到地不熟，
出门在外靠朋友。
孔子师徒投亲戚，
子路妻兄颜浊邹①。

子路连襟官更大，
灵公宠臣弥子瑕②。
见风使舵有心计，
找到子路来传话：

"我家宽敞又豪华，
欢迎夫子来下榻。
愿助夫子得高官，
轻而易举不自夸！"

---

① 颜浊邹：卫灵公的大臣。
② 弥子瑕：卫灵公的宠臣。

弥子瑕，是小人，
臭名昭著有共论。
孔子洁身不投靠，
谢绝相助不动心：

"宦海沉浮靠命运，
不靠投机走后门。
命里有时终须有，
我命由天不由您！"

弥子瑕，真奸佞，
拉拢不成恨意生。
恼羞成怒气鼓鼓，
咬牙切齿进王宫。

卫灵公，信谗言，
派兵监视当坐探。
孔子惊恐怕惹祸，
逃离帝丘避事端。

论语精读

1. 孔子曰:"不知命,无以为君子也;不知礼,无以立也;不知言,无以知人也。"(尧曰 3)

【解读】 孔子说:"不懂得天命,便不能成为君子;不懂得礼,便不能立身处世;不懂得分析别人的言语,就不能了解人。"

2. 王孙贾问曰:"'与其媚于奥(ào),宁媚于灶(zào)',何谓也?"子曰:"不然。获罪于天,无所祷也。"(八佾 13)

【解读】 王孙贾问道:"俗话说,'与其向屋子西南角的家神献媚,不如向灶父献媚',这话是什么意思?"孔子说:"不是这样。如果得罪了上天,那就没有地方可以祷告了。"

3. 子曰:"君子无所争。必也射乎?揖让而升,下而饮。其争也君子。"(八佾 7)

【解读】 孔子说:"君子没有什么要争的事情。如果有的话,那就是比赛射箭了。比赛时,先相互作揖谦让,然后上场。射完后,又相互作揖再退下来,然后登堂喝酒。这就是君子之争。"

4. 子曰:"君子矜(jīn)而不争,群而不党。"(卫灵公 22)

【解读】 孔子说:"君子庄重矜持而不争执,合群团结却不结交朋党。"

匡邑被围

孔子离卫奔陈国，
弟子颜刻赶马车。
路过匡邑城墙下，
抬头扬鞭有话说：

"前年攻宋随阳虎，
曾破匡城从此入。"
城上兵士面色惊，
举枪挥戈齐喧呼。

须臾城门两边开，
将士呐喊涌出来。
如狼似虎嗷嗷叫，
群情激昂皆愤慨。

孔子颜刻心惊骇，
扬鞭策马逃得快。
匡人穷追到山脚，
师徒被围在高台。

子路性急瞪怒目，
一对短戟手中舞。
跳下车去要拼杀，
孔子厉声来劝阻：

"匡人围我有缘故，
因我相貌似阳虎。
认定阳虎又来攻，
这是误会须消除！"

孔子派人去解释，
匡人不信围更急。
师徒被困五天整，
水米未进腹中饥。

弟子饿得心发慌，
孔子劝慰慨而慷：
"文王死后失大道，
我们继承又发扬！

上天欲使大道亡,
何必生我去担当?
上天派我行大道,
匡人岂能把我伤!"

说罢席地抚琴弦,
清音悠扬飘云端。
子路击节来伴舞,
神态自若抖双肩。

匡人围观思纷纷,
阳虎如何会弹琴?
看来确实是误会,
自动解围快撤军。

论语精读

1. 子畏于匡（kuāng），曰："文王既没，文不在兹乎？天之将丧斯文也，后死者不得与于斯文也；天之未丧斯文也，匡人其如予何？"（子罕5）

【解读】 孔子在匡地被围困，说："周文王死后，周代的礼乐制度、文化遗产不都保存在我这里吗？老天如果要毁灭这些文明，后来的人就不能再去继承这些文明了；老天如果不想毁灭这些文明，那匡人又能把我怎么样呢？"

2. 子曰："民可使，由之；不可使，知之。"（泰伯9）

【解读】 孔子说："老百姓如果顺从，就由着他们去；如果不顺从，说明缺乏对他们的了解，就应该深入去了解民情。"

3. 子曰："知者不惑，仁者不忧，勇者不惧。"（子罕29）

【解读】 孔子说："聪明的人能够不被迷惑，仁德的人能够不忧愁，勇敢的人能够无所畏惧。"

蒲邑脱险

孔子师徒离匡地，
一路北行到蒲邑①。
黄沙漫漫日色薄，
前路茫茫行人稀。

一骑飞奔马摆尾，
翻身离鞍是颜回。
师徒重逢大难后，
喜极而泣泪双垂：

"我不见你正心忧，
以为你已遭毒手！"
颜回抬头望夫子，
情真意切展双眸：

---

① 蒲邑：地名。今河南长垣。

"老师健在行仁义,
颜回追随怎敢死?
灵公派人来传信,
他误信谗言被蒙蔽!

恳请老师回帝丘,
他在城门相迎候!
言辞恭敬又恳切,
万望夫子快回头!"

调转车马往回返,
蒲邑兵将却阻拦。
气势汹汹不放行,
造反阴谋怕揭穿!

孔子学生公良孺，
颜刻冉求与子路。
挥舞刀剑向外冲，
蒲人难挡心发虚。

双方谈判止兵戎，
不回卫国可放行。
孔子抬眼看盟约，
不假思索就答应。

盟约签订蒲邑过，
孔子转身奔卫国。
子贡不解问夫子：
"为何失信不守诺？"

"签订此约被胁迫，
违约神明不诘责！"
说罢扬手挥长鞭，
策马帝丘亲驾车！

论语精读

1. 子曰:"君子之于天下也,无适也,无莫也,义之与比(bì)。"(里仁 10)

【解读】 孔子说:"君子立身处世于天下,对于天下之事,没有什么是完全可以的,也没有什么是完全不可以的。一切只看这些事是不是合乎道义。"

2. 子贡问曰:"何如斯可谓之士矣?"子曰:"行己有耻,使于四方,不辱君命,可谓士矣。"

曰:"敢问其次。"曰:"宗族称孝焉,乡党称弟焉。"

曰:"敢问其次。"曰:"言必信,行必果,硁硁(kēng kēng)然小人哉!抑亦可以为次矣。"

曰:"今之从政者何如?"子曰:"噫!斗筲(shāo)之人,何足算也?"(子路 20)

【解读】 子贡问道:"怎样才可以叫作士?"孔子说:"自己行事有知耻之心,出使外国能完成君主的使命,可以叫作士了。"

子贡说:"请问次一等的呢?"孔子说:"宗族中人称赞他孝顺父母,乡党之人称赞他恭敬尊长。"

子贡又说:"请问再次一等的呢?"孔子说:"说到一定做到,做事一定做到底,不问是非地固执己见,那是小人啊!但也可以说是再次一等的士了。"

子贡说:"现在执政的那些人怎么样呢?"孔子说:"唉!这些器量狭小的人,算得了什么呢!"

3. 子曰:"君子贞而不谅。"(卫灵公38)

【解读】 孔子说:"君子固守正道而不拘泥于小信。"

4. 子畏于匡,颜渊后。子曰:"吾以女为死矣。"曰:"子在,回何敢死?"(先进23)

【解读】 孔子在匡地被当地人围困,颜渊最后才逃出来。孔子说:"我以为你已经死了呢。"颜渊说:"老师还活着,颜回我怎么敢死呢?"

5. 子曰:"色厉而内荏(rěn),譬诸小人,其犹穿窬(yú)之盗也与!"(阳货12)

【解读】 孔子说:"外表严厉而内心软弱的人,用小人来打比方,大概就像钻洞爬墙的小偷一样吧!"

孔子击磬

孔子师徒回帝丘，
灵公闻报下城楼。
大驾亲迎到郊外，
金樽捧出迎宾酒。

宾主寒暄施礼后，
并肩进城手牵手。
同回朝堂灵公问：
"如何用兵胜诸侯？"

孔子起身拜灵公，
不以为然目炯炯：
"祭祀礼仪知一二，
行军作战我不懂！"

灵公失望仰起脸，
凝视空中南飞雁。
旁若无人不说话，
孔子悻悻站半天。

回到寓所心不宁，
愁肠百结击玉磬。
满腹心事欲倾诉，
金石之音风飘送。

门外有人背草筐，
侧耳细听笑声扬：
"知不可为而为之，
击磬之人太倔强！

人生在世如过河，
别怨河水太污浊！
怀才不遇别抑郁，
独善其身苦变乐！"

孔子闻言出街门，
认定来者是高人。
本想结交细攀谈，
人已远去何处寻？

掩门回屋心惆怅，
世事滔滔路茫茫。
孔子不坠凌云志，
择机再施济世方。

论语精读

1. 子击磬于卫。有荷蒉（kuì）而过孔氏之门者，曰："有心哉，击磬乎！"既而曰："鄙哉，硁硁乎！莫己知也，斯己而已矣。深则厉，浅则揭（qì）。"

子曰："果哉！末之难矣。"（宪问39）

【解读】 孔子在卫国，一天正在击磬，一个挑着草筐从门前走过的人说："这个击磬的人有心思呀！"一会儿又说："声音硁硁的，偏狭呀！没有人了解自己，你就专守己志就是了。《诗经》说：水深就穿着衣裳涉水而过，水浅就撩起衣裳过去。"

孔子说："真果断呀，没有什么可责问他的了。"

2. 卫灵公问陈（zhèn）于孔子。孔子对曰："俎豆之事，则尝闻之矣；军旅之事，未之学也。"明日遂行。（卫灵公1）

【解读】 卫灵公向孔子询问兵法的问题。孔子回答说："祭祀礼仪的事，倒是听到过；用兵打仗的事，没有学习过。"第二天，孔子就离开了卫国。

3. 子之所慎：齐，战，疾。（述而13）

【解读】 孔子所谨慎小心的事是：斋戒、战争、疾病。

4. 子曰："莫我知也夫！"子贡曰："何为其莫知子也？"子曰："不

怨天，不尤人。下学而上达，知我者其天乎！"（宪问 35）

【解读】 孔子说："没有人了解我啊！"子贡说："为什么说没有人了解您呢？"孔子说："我既不埋怨天，也不求全责备于他人。能够通过学习领会天命大道。了解我的，大概只有天吧！"

子见南子

冬去春来风吹柳，
孔子年满五十九。
卫国客居已三年，
不得重用志未酬。

灵公夫人叫南子，
花容月貌盖当世。
恃宠任性参国政，
生性风流天下知。

久闻孔子鼎鼎名，
有意结识露口风。
孔子知她品行差，
避而不见不进宫。

未见孔子不甘心，
南子派人找上门：
"四方君子到卫国，
必须拜见君夫人！"

寄人篱下没奈何，
硬着头皮把腰折。
子见南子不得已，
平地轩然起风波！

子路横眉绷着脸，
怒气冲冲相责难：
"南子妖艳有绯闻，
夫子为何去拜见？"

孔子辩白表心志，
指天画地发毒誓：
"以礼相见无苟且，
否则我不得好死！"

第二天，鸡鸣晓，
灵公派人诚相邀。
结伴踏青三月三，
浩浩荡荡奔乡郊。

灵公南子同车游,
却让孔子随其后。
招摇过市遭围观,
指指点点不罢休。

孔子深感遭羞辱,
气得脸红脖子粗。
灵公昏庸爱美色,
孔子离卫不踌躇。

论语精读

1. 子见南子，子路不说（yuè）。夫子矢之曰："予所否者，天厌之！天厌之！"（雍也 28）

【解读】 孔子去见了南子，子路不高兴。孔子发誓说："如果我做了不正当的事，让老天厌弃我吧！让老天厌弃我吧！"

2. 子曰："吾未见好德如好色者也。"（子罕 18）

【解读】 孔子说："我没有见过能像爱好女色那样爱好德行的人。"

3. 子言卫灵公之无道也，康子曰："夫如是，奚而不丧？"孔子曰："仲叔圉（yǔ）治宾客，祝鮀（tuó）治宗庙，王孙贾治军旅。夫如是，奚其丧？"（宪问 19）

【解读】 孔子说卫灵公真是无道昏君。季康子说："既然如此，为什么他还没有败亡呢？"孔子说："是因为他任用了仲叔圉处理外交事务、接待宾客，祝鮀管理宗庙和祭祀，王孙贾管理军队。有这样的大臣辅佐，怎么会败亡呢？"

4. 子曰："唯女子与小人难养也，近之则不孙（xùn），远之则怨。"（阳货 25）

【解读】 孔子说："得到女子和庶民的拥护和支持并不容易。如果过于亲昵，他们会缺乏恭敬；忽略或者疏远他们，又会产生怨恨。"

桓魋伐树

秋风阵阵萧瑟瑟,
雁叫声声凄恻恻。
孔子离卫又远行,
进入宋国黑云遮。

宋国山脚采石场,
数百工匠光臂膀。
敲击铁钎造石棺,
士兵挥鞭如虎狼。

石棺主人是桓魋①,
宋国司马管军队。
历时三年未完工,
劳民伤财太靡费。

---

① 桓魋(tuí):宋国的司马(军政官员)向魋。因为是宋桓公的后代,故又称桓魋。

孔子得知心怨怼,
破口大骂热血沸:
"桓魋奢侈又违礼,
何不早死烂成灰!"

士兵闻听忙禀报,
桓魋气得嗷嗷叫。
带兵上马举刀枪,
穷追不舍到城郊。

城郊野外大树下,
孔子师徒停车马。
带领弟子习礼仪,
百姓围观人人夸。

桓魋挥刀欲作恶,
百姓怒目厉声呵。
众怒难犯不甘心,
命人伐树相恫吓。

孔子席地正端坐，
置若罔闻无惧色。
弟子上前来相劝，
不慌不忙笑语和：

"上天生我传仁德，
济世救民于水火。
我命在天天庇佑，
桓魋又能奈我何？"

论语精读

1. 子曰:"天生德于予,桓魋其如予何?"(述而23)

【解读】 孔子说:"上天把德行赋予我,桓魋又能把我怎么样呢?"

2. 子曰:"唯仁者能好(hào)人,能恶(wù)人。"(里仁3)

【解读】 孔子说:"只有仁者能够做到喜欢好人,厌恶坏人。"

3. 子曰:"笃信好学,守死善道。危邦不入,乱邦不居。天下有道则见(xiàn),无道则隐。邦有道,贫且贱焉,耻也;邦无道,富且贵焉,耻也。"(泰伯13)

【解读】 孔子说:"笃实地信仰道,好好地学习道,誓死守卫道。不去危险的国家,不待在祸乱的邦国。天下有道就出来做官,天下无道就退隐。政治清明,自己贫贱,是耻辱;政治昏乱,自己富贵,也是耻辱。"

4. 子曰:"志士仁人,无求生以害仁,有杀身以成仁。"(卫灵公9)

【解读】 孔子说:"志士仁人,没有因为贪生怕死而损害仁的,只有牺牲自己的性命来成全仁的。"

5. 司马牛忧曰:"人皆有兄弟,我独亡(wú)。"子夏曰:"商闻之矣:死生有命,富贵在天。君子敬而无失,与人恭而有礼。四海之内,

皆兄弟也。君子何患乎无兄弟也？"（颜渊5）

【解读】 桓魋的弟弟司马牛忧心忡忡地说："别人都有兄弟，只有我没有。"子夏说："我听夫子说：死和生都是由命运决定的，富和贵都是由上天安排的。作为君子谨慎地要求自己不发生过失，待人谦恭而有礼貌。那么，天下所有的人都是自己的兄弟。君子何必担忧自己没有兄弟呢？"

6. 司马牛问君子，子曰："君子不忧不惧。"

曰："不忧不惧，斯谓之君子已乎？"子曰："内省不疚，夫何忧何惧？"（颜渊4）

【解读】 司马牛问孔子，什么样的人才算是君子。孔子说："君子不担忧，也不畏惧。"

司马牛说："不担忧，不畏惧，这就可以叫作君子了吗？"孔子说："如果内心省察后而不感到愧疚，那还有什么可忧愁、可惧怕的呢？"

7. 司马牛问仁。子曰："仁者，其言也讱（rèn）。"

曰："其言也讱，斯谓之仁已乎？"子曰："为之难，言之得无讱乎？"（颜渊3）

【解读】 司马牛问孔子什么是仁。孔子说："仁德的人，说话谨慎。"

司马牛说："说话谨慎，这就可以叫作仁了吗？"孔子说："做起来困难，说的时候能不谨慎吗？"

第五章
六十耳顺

丧家之犬

天寒地冻日色暮，
孔子宋国被驱逐。
师徒掉头奔郑国，
再寻机遇踏征途。

风雪之后飘浓雾，
混混沌沌不见路。
弟子迷路全失散，
踽踽独行何踌躇！

山道崎岖多荆棘，
野兽出没少人迹。
跌跌撞撞朝前行，
踏破布鞋满身泥。

来到郑国东门口，
不见弟子直搓手。
疲惫不堪倚墙角，
白发乱飘面色忧。

子贡匆匆进南门,
打听老师逢人问。
有人听完他描述,
冷嘲热讽寻开心:

"你的老师我刚见,
身材魁梧像圣贤。
精神恍惚破衣衫,
如同一条丧家犬。"

说完伸手指南方,
子贡跑去抬头望
看到孔子立风中,
喜极而泣心感伤。

师徒相见说过往,
一五一十道周详。
听完郑人说自己,
孔子欣然笑声扬:

"说我长得像圣贤,
老夫实在不敢当。
说我如同丧家犬,
这个比喻真形象!"

弟子闻讯争来集,
收拾衣衫城门立。
孔子起身挥挥手,
大步向前迎晨曦!

论语精读

1. 子曰:"君子道者三,我无能焉:仁者不忧,知者不惑,勇者不惧。"子贡曰:"夫子自道也。"(宪问 28)

【解读】 孔子说:"君子之道有三个方面,我都没有能力做到:仁德的人能够不忧愁,聪明的人能够不被迷惑,勇敢的人能够无所畏惧。"子贡说:"老师说的就是自己啊。"

2. 子曰:"刚、毅、木、讷近仁。"(子路 27)

【解读】 孔子说:"刚强、果敢、朴实、谨慎,这四种品德接近于仁了。"

3. 子禽问于子贡曰:"夫子至于是邦也,必闻其政,求之与?抑与之与?"子贡曰:"夫子温、良、恭、俭让以得之。夫子之求之也,其诸异乎人之求之与?"(学而 10)

【解读】 子禽向子贡问道:"夫子每到一个国家,一定得知那个国家的政事。这是打听得来的,还是人家主动告诉他的呢?"子贡说:"老师是用温和、善良、恭谦、节俭、谦逊取得的。老师获取的方法,大概与他人求取的方法是有所区别的吧?"

师项橐

阳光明媚春三月，
莺飞草长竹拔节。
孔子师徒奔陈国，
马蹄声声笑语和。

山路弯弯细又长，
项橐（tuó）坐在路中央。
手捏泥巴筑城堡，
不闻马铃响叮当。

孔子见状忙停车，
上前施礼高声说：
"小朋友，请让让，
我的马车要通过！"

项橐闻声抬起头，
面色不悦眉紧皱：
"先生说话太无礼，
强人所难提要求。

我正观景在城楼,
你驾车来到城门口。
命我让路不应该,
自古车马绕城走!"

孔子听闻吃一惊,
瞠目结舌脸发红。
无言以对立当场,
弟子上前作说明:

"小朋友，你听好，
孔子先生大驾到！
他到县里讲礼仪，
请你快点让让道！"

项橐微笑伸手指：
"此人绝非孔夫子！
夫子知礼天下闻，
怎会借路拆城池？"

孔子闻言很害羞，
心生敬意忙改口。
口口声声称先生，
不再喊他小朋友！

孔子师徒上马车，
依礼而行绕城过。
连说后生真可畏，
挥手道别小项橐！

论语精读

1. 孔子曰:"生而知之者,上也;学而知之者,次也;困而学之,又其次也。困而不学,民斯为下矣!"(季氏9)

【解读】孔子说:"生来就知道的人,是上等人;学习之后才知道的人,是次等人;有了困惑才去学习的人,是更次一等的人。遇到困惑还不肯学习的,就是最下等的人了。"

2. 子曰:"后生可畏,焉知来者之不如今也?四十、五十而无闻焉,斯亦不足畏已。"(子罕23)

【解读】孔子说:"年轻人是值得敬畏的。他们年富力强,怎么能断定将来的成就赶不上现在的人呢?但一个人如果到四五十岁还没有什么声望,那也就没有什么可怕的了。"

3. 子曰:"年四十而见恶焉,其终也已。"(阳货26)

【解读】孔子说:"人活到四十岁还被人厌恶,那么这个人便终生到此为止了。因此,这种情况应该尽力避免呀!"

君子常乐

泰山十月秋风冷,
草木萧瑟拂石径。
孔子师徒山下过,
忽闻远处起歌声。

孔子老友荣启期,
腰系麻绳穿鹿皮。
双手抚琴正高歌,
满面春风神怡怡。

邂逅老友心欢喜,
孔子上前行个礼:
"先生迎风唱欢歌,
如此快乐是为何?"

启期抬头展笑颜,
喜形于色开口言:
"呱呱坠地天地间,
三件乐事常相伴!

天生万物人为尊，
一乐生来就做人！
男女有别男为贵，
二乐生来是男人！

人生在世无坦途，
飞来横祸不胜数。
三乐活到九十五，
无病无灾筋骨舒！"

孔子挥手说再见，
对着学生发赞叹：
"荣启期，真君子，
无忧无虑天地宽！"

子路闻言抬起头，
心有疑惑说出口：
"启期快乐是君子，
君子难道无忧愁？"

孔子应声答"无也",
"君子终生都快乐,
小人天天心不安,
患得患失瞎琢磨!"

论语精读

1. 子曰:"君子坦荡荡,小人长戚戚。"(述而 37)

【解读】 孔子说:"君子心胸光明开朗,小人心中常怀忧虑恐惧。"

2. 子曰:"君子泰而不骄,小人骄而不泰。"(子路 26)

【解读】孔子说:"君子舒泰而不骄傲,小人骄傲而不舒泰。"

3. 子曰:"圣人,吾不得而见之矣;得见君子者,斯可矣。"

子曰:"善人,吾不得而见之矣;得见有恒者,斯可矣。亡而为有,虚而为盈,约而为泰,难乎有恒矣。"(述而 26)

【解读】孔子说:"圣人,我是见不到了;能见到君子,已经很好了。"

孔子说:"善人,我不能见到了;能见到有恒心向善的人,就可以了。没有的追求有,空虚的追求充足,穷困的追求奢华,这样的人是很难有恒心向善的。"

孔子知错

东方欲晓日喷薄,
孔子师徒到陈国。
国君待他如上宾,
高接远迎鸣金锣。

邀请孔子参朝政,
早晚请教心虔诚。
热情招待俸禄高,
群臣见了眼发红。

陈国司败[①]他姓陈,
妒火中烧日灼心。
冥思苦想得阴招,
伺机刁难泄怨愤。

---

① 司败:主管司法的官职。

拜见孔子作长揖,
虚情假意笑嘻嘻:
"鲁国文化有底蕴,
国君昭公可知礼?"

孔子点头说声知,
老陈展眉心狂喜。
告别孔子出了门,
扭头去找巫马期①:

---

① 巫马期:孔子的学生,比孔子小三十岁。

"听说君子无偏私,
孔子偏私太离奇!
鲁国吴国是同姓,
娶妻吴女是知礼?"

巫马期,来相告,
孔子大度不计较:
"孔丘犯错真幸运,
有人指正不辞劳!"

论语精读

1. 子贡曰:"君子之过也,如日月之食焉:过也,人皆见之;更也,人皆仰之。"(子张 21)

【解读】 子贡说:"君子所犯的过错,好像日食与月食一样:犯错的时候,人人都看得见;改正了之后,人人依然仰望他。"

2. 子夏曰:"小人之过也,必文。"(子张 8)

【解读】 子夏说:"小人有了过错,一定加以掩饰。"

3. 陈司败问:"昭公知礼乎?"孔子曰:"知礼。"

孔子退。揖巫马期而进之,曰:"吾闻君子不党,君子亦党乎?君取于吴,为同姓,谓之吴孟子。君而知礼,孰不知礼?"

巫马期以告。子曰:"丘也幸,苟有过,人必知之。"(述而 31)

【解读】 陈司败问:"鲁昭公知礼吗?"孔子说:"他知礼。"

孔子走出去后,陈司败向巫马期作了个揖,请他走近自己,说:"我听说君子不因关系亲近而偏袒,难道君子也有偏袒吗?鲁君从吴国娶了位夫人,是鲁君的同姓,于是称她为吴孟子。鲁君若算得上知礼,还有谁不知礼呢?"

巫马期把此话告诉了孔子。孔子说:"我孔丘真是幸运,如果有错误,别人一定会指出来让我知道。"

一见如故

群雁南飞秋水阔，
孔子师徒游剡国①。
东奔西走讲学忙，
闲暇驾车游山野。

齐国学者程本子，
德才兼备大贤士。
孔子听说很敬佩，
想去拜访已多时。

两人邂逅大路旁，
互通姓名喜洋洋。
相见恨晚齐停车，
一见如故诉衷肠。

① 剡（shàn）国：春秋时期的一个小国，在今山东郯城一带。

志同道合话投机，
倾心交谈更亲密。
夜幕降临星眨眼，
依依不舍道别离。

临别孔子赠锦帛，
子路心痛舍不得。
推三阻四不愿取，
孔子催促笑呵呵：

"先生德高才也大，
萍飘蓬转走天下。
今天有缘不相赠，
以后再难遇见他！"

论语精读

1. 子曰:"德不孤,必有邻。"(里仁 25)

【解读】 孔子说:"有道德的人是不会孤单的,一定会有思想一致的人与他亲近。"

2. 子曰:"见贤思齐焉,见不贤而内自省也。"(里仁 17)

【解读】 孔子说:"见到贤人就想向他看齐,看到不贤的人就在内心自我反省。"

3. 子曰:"益者三乐,损者三乐(yào)。乐(yào)节礼乐(yuè),乐(yào)道人之善,乐(yào)多贤友,益矣。乐(yào)骄乐(lè),乐(yào)佚(yì)游,乐(yào)宴乐(lè),损矣。"(季氏 5)

【解读】 孔子说:"有益的快乐有三种,有害的快乐有三种。以礼乐调节自己为快乐,以称道别人的好处为快乐,以有许多贤德之友为快乐,这是有益的。以骄肆之乐为快乐,以游荡为快乐,以饮酒为快乐,这是有害的。"

4. 子曰:"可与言而不与之言,失人;不可与言而与之言,失言。知者不失人,亦不失言。"(卫灵公 8)

【解读】 孔子说:"可以同他谈话,却不同他谈,这就是失掉了人才;不可以同他谈的话,却同他谈,这就是说错了话。有智慧的人既不失去人才,又不说错话。"

孔子诗传　　论语故事朗诵诗

农山论志

金风飒飒九月天，
孔子秋游登农山。
身后跟着仨学生，
子路子贡和颜渊。

登上山顶抬望眼，
锦绣山河如画卷。
惠风和畅拂身过，
孔子仰天思万千：

"山清水秀好景色，
天覆地载我家国。
男儿定有凌云志，
三位都来说一说！"

子路率先仰起脖，
虬须虎眉目光灼。
迈开大步走上前，
声若洪钟霹雳火：

"我愿带兵上战场，
跃马横刀保边疆！
攻城略地三千里，
斩将夺旗如探囊！"

子贡侧目看子路，
轻摆长衫迈珠履（lǚ）。
上前弯腰行个礼，
意气风发头高举：

"战火纷飞飘山谷，
两军对垒响金鼓。
我愿持节当使者，
排纷解难展宏图！"

孔子闻言把头仰，
面带微笑精神爽：
"子路勇猛实可嘉，
子贡志大口才棒！

颜回你且靠前站，
说说你有何志向？"
子路子贡略侧身，
颜回上前施礼忙：

"文韬武略止金戈，
两位师兄已说过。
我的想法不一样，
不知是对还是错。

期待辅佐贤君王，

礼乐教化布四方。

讲信修睦安天下，

刀枪入库良弓藏！"

孔子听罢哈哈笑：

"遇到贤君行大道，

不遇贤君藏山峦，

只有你我能做到！"

子路见状心不爽，

对着孔子又嚷嚷：

"如果领兵去打仗，

夫子带谁上战场？"

孔子拈须稍思索，

目视子路笑呵呵：

"你徒手打虎过黄河，

有勇无谋带不得！"

论语精读

1. 季康子问:"仲由可使从政也与?"子曰:"由也果,于从政乎何有?"

曰:"赐也可使从政也与?"曰:"赐也达,于从政乎何有?"

曰:"求也可使从政也与?"曰:"求也艺,于从政乎何有?"(雍也8)

【解读】 季康子问道:"仲由这个人,可以让他管理国家政事吗?"孔子说:"仲由做事果断,对于管理国家政事有什么困难呢?"

季康子又问:"端木赐这个人,可以让他管理国家政事吗?"孔子说:"端木赐通达事理,对于管理国家政事有什么困难呢?"

季康子又问:"冉求这个人,可以让他管理国家政事吗?"孔子说:"冉求有才能,对于管理国家政事有什么困难呢?"

2. 孟武伯问:"子路仁乎?"子曰:"不知也。"又问。子曰:"由也,千乘之国,可使治其赋(fù)也。不知其仁也。"

"求也何如?"子曰:"求也,千室之邑,百乘之家,可使为之宰也。不知其仁也。"

"赤也何如?"子曰:"赤也,束带立于朝,可使与宾客言也。不知其仁也。"(公冶长8)

【解读】 孟武伯向孔子请教:"子路是仁者吗?"孔子说:"不知道。"孟武伯又请教。孔子说:"仲由嘛,在一个有一千辆兵车的诸侯之国里,可以让他管理军事。至于他是不是仁者,我不知道。"

孟武伯又问:"冉求怎么样呢?"孔子说:"冉求嘛,在一个一千户的大县,或一百辆兵车的大夫家,可以让他担任总管。至于他是不是仁者,我可不知道。"

孟武伯又问:"公西赤怎么样呢?"孔子说:"公西赤嘛,穿着礼服,束上衣带,可以让他站在朝廷上与贵宾谈话。至于他是不是仁者,我也不知道。"

3. 子谓颜渊曰:"用之则行,舍之则藏,惟我与尔有是夫!"

子路曰:"子行三军,则谁与?"

子曰:"暴虎冯(píng)河,死而无悔者,吾不与也。必也临事而惧。好(hào)谋而成者也。"(述而 11)

【解读】 孔子对颜渊说:"如果用我,就积极行动;如果不用我,就藏起来。只有我和你才能这样吧。"

子路说:"如果让您率领三军,您愿意找谁一起共事呢?"

孔子说:"赤手空拳去打老虎,徒步涉水过黄河,即使这样死都不后悔的人,我是不会与他共事的。我所要找的共事的人,一定是遇事小心谨慎、善于谋划而且能完成任务的人。"

孔子马逸

春暖花开原野阔,
孔子师徒游曹国。
停车路边歇歇脚,
马脱缰绳下山坡。

溜进麦田心欢喜,
大嚼青苗无顾忌。
农夫一见心里恼,
伸手牵马上柳堤。

子贡自恃口才好,
快步上前去讨要。
之乎者也说半天,
打躬作揖口唇焦。

老农夫,很气愤,
好说歹说听不进。
讨马不成子贡回,
垂头丧气树下蹲。

孔子仆人他姓黄,
胸无点墨身体壮。
自告奋勇去讨马,
理直气壮开了腔:

"你耕田不在东海边,
我耕田不在西海岸。
你我相隔距离近,
我马儿能不进你田?"

农夫听罢喜盈盈,
心悦诚服递缰绳:
"你老兄说话容易懂,
胜过刚才小书生!"

孔夫子,田边站,
对着子贡发感叹:
"与人谈话要沟通,
分清对象是关键!

你口若悬河有文采,
王公贵族都喜爱。
对待老农不管用,
只因语言不直白!"

论语精读

1. 子曰:"质胜文则野,文胜质则史。文质彬彬,然后君子。"(雍也 18)

【解读】 孔子说:"只注重质朴(内容)而不注重文采(形式),就会显得粗野;只注重文采(形式)却不注重质朴(内容),就会显得虚浮。只有后天文化的熏陶与人性固有的敦厚、朴素气质相互均衡了,那样才称得上是君子。"

2. 子曰:"中人以上,可以语上也;中人以下,不可以语上也。"(雍也 21)

【解读】 孔子说:"中等才智以上的人,可以和他讲高深的知识;中等才智以下的人,不可以跟他谈论高深的知识。"

3. 子贡方人。子曰:"赐也贤乎哉?夫我则不暇(xiá)。"(宪问 29)

【解读】 子贡经常评论别人的长短。孔子说:"子贡,你就真的比别人贤能吗?我可没有那么多闲工夫去评论别人。"

4. 子曰:"有德者必有言,有言者不必有德。仁者必有勇,勇者不必有仁。"(宪问 4)

【解读】 孔子说:"有道德者一定有具有训诫意义的言辞,有华丽言辞者不一定有道德。仁者一定勇敢，勇敢者不一定都有仁德。"

5. 子贡问："师与商也孰贤？"子曰："师也过，商也不及。"

曰："然则师愈与？"子曰："过犹不及。"（先进16）

【解读】 子贡问孔子："颛孙师和卜商两个人，谁更好一些？"孔子说："颛孙师呢，做事有些过头；卜商呢，做事有些赶不上。"

子贡说："那是不是颛孙师更好一些呢？"孔子说："过头和赶不上同样不好。"

丈人承蜩

孔子师徒楚国游,
途经树林遇老叟。
鬓发须眉皆似雪,
天生残疾背佝偻。

高举竹竿粘知了,
手到擒来很灵巧。
轻而易举如探囊,
收获知了满背包。

孔子一见心惊异,
走上前去施个礼:
"您粘知了真神奇,
如何练成这绝技?"

老叟闻言收竹竿,
一五一十说经验:
"此事看来很容易,
想要做好也很难!"

"我练此技三十载,
高举竹竿不摇摆。
全神贯注手臂稳,
腿如木桩树边栽。

心无旁骛看知了,
专心致志是诀窍。
眼疾手快粘得准,
大小知了何处逃?"

孔子闻言喜盈盈,
扭头转身对学生:
"读书做事同此理,
功夫到时自然成!"

论语精读

1. 子曰:"学而不思则罔(wǎng),思而不学则殆(dài)。"(为政15)

【解读】 孔子说:"学习而不思考,就会惘然无知;思考而不学习,就会疑惑不解。"

2. 冉求曰:"非不说(yuè)子之道,力不足也。"子曰:"力不足,中道而废,今女(rǔ)画。"(雍也12)

【解读】 冉求说:"我不是不喜欢老师的学问,只是自己力量不足啊!"孔子说:"如果能力不够,可能会走到半路而不得不停下来。然而,现在是你还没有走就自己止步不前了。"

见丘吾子

秋风落叶空树枝，
孔子师徒奔临淄。
打马扬鞭见齐君，
欲遂经世凌云志。

一日车马经沂水，
忽闻岸边哭声悲。
有人抱树哭号啕，
呼天抢地心欲碎。

孔子循声看过来，
此人打扮真奇怪：
手持镰刀和绳索，
捶胸顿足泪满腮。

孔子翻身下马车，
快步上前立树侧：
"这位先生您贵姓，
如此痛哭是为何？"

第五章 ⊙ 六十耳顺

来人自称丘吾子,
自言平生悔三事:
"一为少小游天下,
归来父母已离世。

二为做官在齐国,
侍君未能尽全节。
三为自幼好交友,
如今关系全断绝!

树欲静,风不止,
子欲养,亲不待。
君主亲朋难再见,
悔之晚矣实可哀!"

说完转身头不回，
扑通一声跳沂水。
孔子久久立岸边，
仰天长叹不展眉：

"人生在世路遥遥，
世间没有后悔药！
此人三悔须牢记，
引以为戒自今朝！"

论语精读

1. 子曰:"三人行,必有我师焉。择其善者而从之,其不善者而改之。"(述而22)

【解读】 孔子说:"几个人同行,其中一定有我可以效仿的。我选择他们的优点来学习,看到他们的缺点就警惕自己不要学坏。"

2. 子曰:"已矣乎!吾未见能见其过而内自讼者也。"(公冶长27)

【解读】 孔子说:"算了吧!我还未见到能发现自己的过错,而且能够自责其过的人。"

君子固穷

周游列国七八年，
孔子大名诸侯传。
楚王派人到蔡国，
邀请孔子做高官。

师徒应邀正前行，
陈国蔡国动刀兵。
团团围住不让走，
害怕孔子被重用。

被困陈蔡七八天，
所带食物全吃完。
饥肠辘辘似雷鸣，
东倒西歪腿脚软。

孔夫子，抚琴弦，
边弹边唱若等闲。
子路相问阴着脸：
"君子也会遭劫难？"

第五章 ⊙ 六十耳顺

"人生道路不平坦，
窘迫穷困寻常见。
君子固穷不失礼，
小人窘迫便作乱！"

子路听罢不服气，
抬头反唇又相讥：
"前程未卜饿肚肠，
此时弦歌合礼仪？"

孔子一曲正结束，
泰然自若对子路：
"君子弦歌除骄气，
小人唱歌消恐惧。

陈蔡兵士凶似虎，
只围不攻心发虚。
你我师徒行大道，
处变不惊方丈夫！"

子路闻听心欢喜，
眉飞色舞挺腰脊。
手舞战斧跳个舞，
精神焕发迎晨曦！

论语精读

1. 在陈绝粮，从者病，莫能兴。子路愠见曰："君子亦有穷乎？"子曰："君子固穷，小人穷斯滥矣。"（卫灵公2）

【解读】 孔子与弟子们在陈国断了粮，跟随的人都饿病了。子路很不高兴地来见孔子，说道："君子也有窘迫的时候吗？"孔子说："君子虽然也会遇到窘迫，但能够安于穷困；小人一遇到窘迫，就无所不为了。"

2. 子曰："君子义以为质，礼以行之，孙以出之，信以成之。君子哉！"（卫灵公18）

【解读】 孔子说："君子以义作为办事的根本，用礼义来实行它，用谦逊的态度来表达它，靠诚信来完成它。这才是真正的君子。"

3. 子曰："君子病无能也，不病人之不己知也。"（卫灵公19）

【解读】 孔子说："君子只担忧自己没有才能，不怕别人不知道自己。"

4. 子曰："君子疾没世而名不称焉。"（卫灵公20）

【解读】 孔子说："君子痛恨死亡之后其名字不为人们所称颂。"

5. 子曰："君子求诸己，小人求诸人。"（卫灵公21）

【解读】 孔子说："君子注重个人的道德修养，多从自身反省开始；小人则相反，往往一味地苛责他人。"

颜回问仁

冬去春来梨花嫩,
颜回读书生疑问。
百思不解问老师:
"如何追求能得仁?"

孔夫子,面色温,
循循善诱语谆谆:
"克制私欲守规矩,
为人处世要严谨!

时时处处都守礼,
芸芸众生称赞你。
要成仁者须修身,
不靠别人靠自己!"

小颜回,有感悟,
提个问题更深入:
"仁的范畴很广泛,
老师可否说条目?"

孔夫子,扬起脸,
掷地有声又开言:
"不合礼不看不听,
不合礼不说不干!"

颜回受教喜盈盈,
茅塞顿开心里明。
坚持不懈勤修身,
安贫乐道成复圣!

论语精读

1. 子曰:"苟志于仁矣,无恶也。"(里仁 4)

【解读】 孔子说:"只要立志行仁,就不会做坏事了。"

2. 子夏曰:"博学而笃志,切问而近思,仁在其中矣。"(子张 6)

【解读】 子夏说:"广泛地学习,同时要坚守志向;有不明白的要向别人询问,然后再切合实际地考虑能否实行。如果这样做,仁就在里面了。"

3. 颜渊问仁。子曰:"克己复礼为仁。一日克己复礼,天下归仁焉。为仁由己,而由人乎哉?"

颜渊曰:"请问其目。"子曰:"非礼勿视,非礼勿听,非礼勿言,非礼勿动。"

颜渊曰:"回虽不敏,请事斯语矣。"(颜渊 1)

【解读】 颜渊问孔子什么是仁。孔子说:"约束自己,使自己的言行合乎礼仪法度,就是仁。有一天你做到了克己复礼,全天下都会称许你是仁人。做到仁全靠自己,难道还要依靠别人吗?"

颜渊说:"请您说得具体一些。"孔子说:"不合乎礼的东西不要看,不合乎礼的言论不要听,不合乎礼的话不要说,不合乎礼的事不要做。"

颜渊说:"我虽然不聪明,但我将照着您的话去做。"

第五章 ⊙ 六十耳顺

仁者颜回

陈蔡边境小土山，
孔子被围遭大难。
两国士兵挥刀枪，
饥寒交迫已七天。

子贡乘夜出重围，
买袋小米悄悄回。
颜回烧火起炊烟，
烟雾缭绕飘香味。

子贡远远看颜回，
手抓米饭塞进嘴。
狼吞虎咽吃下肚，
气得子贡直皱眉。

转身去见孔夫子，
揭发颜回正偷食。
目无师长先下手，
偷偷摸摸不仁义！

孔子抬头劝子贡，
少安勿躁别冲动：
"我信颜回是仁者，
此事可疑要搞清！"

叫来颜回到身边，
说要用米祭祖先。
颜回摆手忙制止，
来龙去脉说前缘：

"刚才烟灰落饭中，
灰饭相连我没扔。
不敢浪费吃进肚，
脏饭不可祭祖用！"

子贡见状生悔悟，
颜回仁者大丈夫！
对他不该生猜疑，
小人之心度君腹！

论语精读

1. 子曰:"富与贵,是人之所欲也;不以其道得之,不处也。贫与贱,是人之所恶(wù)也;不以其道得之,不去也。君子去仁,恶乎成名?君子无终食之间违仁,造次必于是,颠沛必于是。"(里仁5)

【解读】 孔子说:"财富与高位,是人人都想拥有的;不以合乎仁道的方式来拥有,君子不会接受。贫困与卑贱,是人人都厌恶的;不以合乎仁道的方式去摆脱,君子也不会做。君子若抛弃仁德,又怎样来成就美好的名声呢?君子哪怕一顿饭的工夫也不会离开仁德,仓促匆忙时有仁德在,颠沛流离时也有仁德在。"

2. 仲弓问仁。子曰:"出门如见大宾,使民如承大祭。已所不欲,勿施于人。在邦无怨,在家无怨。"

仲弓曰:"雍虽不敏,请事斯语矣。"(颜渊2)

【解读】 仲弓问什么是仁。孔子说:"出门在外总好像见到贵宾那样谦恭,派遣民众总好像承办大祭那样认真。自己不想要的事,不要加给别人。在诸侯那里效力没有怨恨,在卿大夫家效力也没有怨恨。"

仲弓说:"我虽然迟钝,请让我去实行这番话吧。"

3. 子曰:"里仁为美。择不处仁,焉得知?"(里仁1)

【解读】 孔子说:"选择住处,要有仁德这才好。选择没有仁德风俗的住处，怎能算得上聪明呢？"

4.子曰："不仁者不可以久处约，不可以长处乐。仁者安仁，知者利仁。"（里仁2）

【解读】 孔子说："没有仁德的人不可能长久地处于困顿中，也不可能长久地处于安乐富贵中。有仁德的人以行仁为安，有智慧的人以行仁为利。"

子路问津

艳阳高照楚天阔,
湘水静流泛光波。
孔子江边停车马,
不见渡口难过河。

路旁走来一狂人,
披头散发乱双鬓。
手舞足蹈似痴癫,
引吭高歌意味深:

"凤凰凤凰德行衰,
为何飞到千里外?
往日随风不可留,
来日可追别等待!

凤凰凤凰德行衰,
千里求官实可哀!
天下大乱从政难,
回头是岸快离开!"

孔子闻听忙下车,
躬身施礼去拜谒。
来人仰头向天笑,
旁若无人车前过。

夫子尴尬路边站,
子路横眉欲追赶。
孔子挥手忙制止,
命他问津找渡船。

子路沿江抬头望,
波光粼粼水茫茫。
岸边两人耕农田,
一个高来一个壮。

身材高者叫长沮,
答非所问对子路:
"你的老师是孔丘,
渡口在哪他清楚!"

身材壮硕是桀溺，
对着子路笑嘻嘻：
"你跟着孔丘到处跑，
不如跟我来种地！"

子路问津遭讥讽，
怅然若失来回禀。
孔子闻听锁双眉，
仰天长叹说心声：

"自古鸟兽不同群，
人各有志莫轻论。
天下有道何需我？
天下无道献此身！"

论语精读

1. 楚狂接舆歌而过孔子曰:"凤兮!凤兮!何德之衰?往者不可谏,来者犹可追。已而!已而!今之从政者殆而!"

孔子下,欲与之言。趋而辟之,不得与之言。(微子5)

【解读】 楚国的狂人接舆唱着歌走过孔子的车旁,唱道:"凤凰啊!凤凰啊!你的德行为何如此衰微?过去的已经不能挽留,将来的还有机会追求。算了吧!算了吧!现在的执政者很危险了!"

孔子下车,想要和他说话,接舆快步走开躲避孔子,孔子没能跟他说上话。

2. 长沮(jǔ)、桀溺(jié nì)耦而耕,孔子过之,使子路问津焉。

长沮曰:"夫执舆者为谁?"子路曰:"为孔丘。"曰:"是鲁孔丘与?"曰:"是也。"曰:"是知津矣。"

问于桀溺。桀溺曰:"子为谁?"曰:"为仲由。"曰:"是鲁孔丘之徒与?"对曰:"然。"曰:"滔滔者天下皆是也,而谁以易之?且而与其从辟(bì)人之士也,岂若从辟世之士哉?"耰(yōu)而不辍。

子路行以告。夫子怃(wǔ)然曰:"鸟兽不可与同群,吾非斯人之徒与而谁与?天下有道,丘不与易也。"(微子6)

【解读】 长沮、桀溺一起耕地,孔子路过那里,叫子路去问渡口在什么地方。

长沮说:"那个拿着缰绳的人是谁啊?"子路说:"是孔丘。"长沮问:

"是鲁国的孔丘吗？"子路说："是啊。"长沮说："他知道渡口在哪里！"

子路又去问桀溺。桀溺问："你是谁？"子路说："我是仲由。"桀溺问："是鲁国孔丘的学生吗？"子路说："是啊。"桀溺说："你们所逃避的不利环境和无道的统治者，像滔滔大水一样天下到处流淌，到处都是，你和谁一起去改变它？况且，你与其追随那些躲避无道的执政者的人，哪如追随逃避这个社会的人呢？"说完不停地干他的农活。

子路回来把情况告诉了孔子。孔子怅然若失地说："鸟兽是不能与人合群的。我不跟世人在一起，那么我与谁在一起呢？如果天下有道，我也不会与你们一起去改变这个世道了。"

3. 子曰："朝闻道，夕死可矣。"（里仁 8）

【解读】 孔子说："早晨能够听到正确的治世主张，即使晚上死去也是值得的。"

4. 子曰："君子怀德，小人怀土；君子怀刑，小人怀惠。"（里仁 11）

【解读】 孔子说："君子念念不忘的是道德，小人念念不忘的是田地；君子怀念的是先王的礼法，心存典范与法则，小人一心想的是个人利益，求利而不顾礼法。"

5. 子路宿于石门。晨门曰："奚自？"子路曰："自孔氏。"曰："是

知其不可而为之者与？"（宪问 38）

【解读】 子路夜间住在石门附近。早上看门的人问他："你从哪里来？"子路说："从孔子那里来。"看门的人说："是那个明知不能改变时局却还要去努力改变它的那个人吗？"

6. 子欲居九夷。或曰："陋，如之何？"子曰："君子居之，何陋之有？"（子罕 14）

【解读】 孔子欲到九夷去。有人说："那里太简陋了。去了之后怎么办呢？"孔子说："君子住进去推行教化，就没有什么简陋的了。"

7. 子曰："法语之言，能无从乎？改之为贵。巽（xùn）与之言，能无说（yuè）乎？绎（yī）之为贵。说而不绎，从而不改，吾末如之何也已矣。"（子罕 24）

【解读】 孔子说："正言告诫的话，能不接受吗？遵从这些劝告而改正缺点才算可贵。恭维赞许的话，能不高兴吗？分析其中蕴含的道理才算可贵。高兴而不理出头绪，接受而不改正，我对这种人没有什么办法了。"

鸣鼓而攻

冬去春来野草青，
孔子出国五年整。
寻求明君不可得，
思念故乡关山重。

忽然鲁国传消息，
季桓患病命归西。
临终痛悔失孔子，
遗命召请莫迟疑。

孔子闻讯喜欲狂，
登高望远上山岗。
望眼欲穿等使者，
远处车马尘飞扬。

使者下车直咳嗽，
不请孔子请冉求。
原来小人进谗言，
以徒代师有阴谋。

学生冉求济世才，
回国出任季氏宰。
恪尽职守有业绩，
不忘师恩常挂怀。

八年岁月急匆匆，
齐鲁两国动刀兵。
冉求挥戈上战场，
以弱胜强建奇功。

季康子，很纳闷，
拉着冉求开口问：
"只知先生懂政务，
带兵打仗也精通？"

冉求闻言开口笑，
忙说军事夫子教。
瞅准时机提建议，
召请老师快还朝！

孔子回国六十八，
重返曲阜泪雨下。
周游列国十四载，
落叶归根终回家。

归国还家三五日，
鲁国政务尽得知。
招来学生聚堂前，
暴跳如雷说训示：

"冉求参政不像话,
帮助季氏改税法。
横征暴敛害百姓,
敲锣打鼓声讨他!"

孔夫子,真性情,
嫉恶如仇骨铮铮。
不以私情害公义,
高风亮节天下称!

论语精读

1. 季氏富于周公,而求也为之聚敛(liǎn)而附益之。子曰:"非吾徒也,小子鸣鼓而攻之,可也!"(先进 17)

【解读】 季氏比周公还要富有,冉求还在为他施行田赋,增加更多的财富。孔子说:"冉求不再是我的学生了,你们这些学生可以大张旗鼓地去攻击他!"

2. 子在陈,曰:"归与!归与!吾党之小子狂简,斐然成章,不知所以裁之!"(公冶长 22)

【解读】 孔子在陈国,说:"回去吧!回去吧!我们家乡的那些弟子狂傲不羁,文采斐然可观,我真不知道如何去指导他们。"

3. 子曰:"善人教民七年,亦可以即戎矣。"(子路 29)

【解读】 孔子说:"善人教导百姓七年,也就可以叫他们去打仗了。"

4. 子曰:"以不教民战,是谓弃之。"(子路 30)

【解读】 孔子说:"如果不先对百姓进行训练就让他们去作战,这就是抛弃他们。"

5. 季氏将伐颛臾。冉有、季路见于孔子曰:"季氏将有事于颛臾

（zhuān yú）。"

孔子曰："求！无乃尔是过与？夫颛臾，昔者先王以为东蒙主，且在邦域之中矣，是社稷之臣也。何以伐为？"

冉有曰："夫子欲之，吾二臣者皆不欲也。"

孔子曰："求！周任有言曰：'陈力就列，不能者止。'危而不持，颠而不扶，则将焉用彼相矣？且尔言过矣。虎兕（sì）出于柙（xiá），龟玉毁于椟中，是谁之过与？"

冉有曰："今夫颛臾，固而近于费。今不取，后世必为子孙忧。"

孔子曰："求！君子疾夫舍曰欲之而必为之辞。丘也闻有国有家者，不患寡而患不均，不患贫而患不安。盖均无贫，和无寡，安无倾。夫如是，故远人不服，则修文德以来之。既来之，则安之。今由与求也，相夫子，远人不服、而不能来也；邦分崩离析，而不能守也；而谋动干戈于邦内。吾恐季孙之忧，不在颛臾，而在萧墙之内也。"（季氏1）

【解读】季氏要讨伐颛臾，冉有、子路去见孔子说："季氏快要攻打颛臾了。"

孔子说："冉求！这不就是你的过错了吗？颛臾，过去先王曾让其主持东蒙的祭祀，而且已经在鲁国的疆域之内，是鲁国的臣属，为什么要讨伐它呢？"

冉有说："季孙大夫想去攻打，我们两个人都不想。"

孔子说："冉求！周任有句话说：'尽自己的才力去担当相应的职务，实在不能胜任就辞职。'有了危险不去帮助，跌倒了不去搀扶，那还用辅助的人干什么呢？而且你说的话错了。老虎、犀牛从笼子里跑出来，龟甲、玉器在匣子里毁坏了，这是谁的过错呢？"

冉有说："现在颛臾城墙坚固，而且离费邑很近。现在不把它夺取过来，将来一定会成为子孙的忧患。"

孔子说："冉求！君子痛恨那种不肯说自己想要那样做而又一定要找出理由为之辩解的做法。我听说，对于诸侯和大夫，不怕财富少，而怕分配不均；不怕人民少，而怕不安定。大概分配平均了，也就没有所谓贫穷；大家和睦，就不会感到人民少；安定了，也就没有倾覆的危险了。如果做到这样，远方的人还不归服，就用修治仁义礼乐的政教招来他们；他们来了，就让他们安定下来。现在，仲由和冉求你们两个人辅助季氏，远方的人不归服，而不能招来他们；国内民心离散，你们不能保全，反而策划在国内使用武力。我只怕季孙的忧患，不在颛臾，而在鲁国的宫廷之内啊！"

韦编三绝

孔夫子，六十八，
须眉似雪双鬓华。
周游列国十四年，
落叶归根回老家。

办学堂，修经典，
乐在其中不疲倦。
日复一日读《周易》，
废寝忘食细钻研。

《周易》本是文王作，
内容丰富文艰涩。
写在竹简牛皮穿，
足足装满三大车。

孔子读书不怕难，
知难而进日日翻。
寒来暑往不离手，
牛皮磨断又相连。

韦编三绝作比喻,
形容读书很刻苦。
书山有路勤为径,
学海无涯不止步。

论语精读

1.子曰:"加我数年,五十以学《易》,可以无大过矣。"(述而17)

【解读】 孔子说:"再借给我几年的时间,退回到五十岁开始学习《易》,就不会有大的过失了。"

2.子曰:"群居终日,言不及义,好行小慧,难矣哉!"(卫灵公17)

【解读】 孔子说:"整天聚在一起,说话从不涉及道义,专好卖弄小聪明,这种人真难教导。"

第六章 七十从心所欲

因材施教

艳阳高照春风暖，
孔子返鲁登杏坛。
深入浅出说仁义，
循循善诱不知倦。

课后弟子都回家，
单独辅导公西华。
子路推门走进来，
施礼请教嗓门大：

"刚才老师讲仁义，
令人神往心欢喜。
我想现在就行动，
杀身成仁志不移！"

孔子闻言脸紧绷，
面沉似水放高声：
"你家有老父和长兄，
问过他们再行动！"

子路刚走冉求到，
毕恭毕敬来请教：
"老师教我行仁义，
可否行动在今朝？"

孔子抬头笑脸迎，
眼含期待亮晶晶：
"朝闻道，夕可死，
应该马上就行动！"

公西华，头发晕，
满腹狐疑来相问：
"同学问题一个样，
您答案相反啥原因？"

孔子拈须神怡怡，
简明扼要讲道理：
"子路勇武需约束，
冉有懦弱要鼓励！"

论语精读

1. 子路问:"闻斯行诸?"子曰:"有父兄在,如之何其闻斯行之?"

冉有问:"闻斯行诸?"子曰:"闻斯行之!"

公西华曰:"由也问:'闻斯行诸?'子曰:'有父兄在。'求也问:'闻斯行诸?'子曰:'闻斯行之!'赤也惑,敢问。"子曰:"求也退,故进之;由也兼人,故退之。"(先进22)

【解读】 子路问道:"听到老师的教诲就加以实行吗?"孔子说:"父亲和兄长还在,怎么可以听到了就去实行呢?"

冉有问道:"听到老师的教诲就加以实行吗?"孔子说:"听到了就可以去实行。"

公西华说:"当仲由问道:'听到了就实行吗?'先生说:'父亲和兄长还在,不能去实行。'冉求问道:'听到了就实行吗?'先生说:'听到就可以去。'我有些困惑,冒昧地请教。"孔子说:"冉求做事退缩不前,所以我鼓励他前进;仲由做事勇往直前,所以我让他谨慎行事。"

2. 子张问善人之道,子曰:"不践迹,亦不入于室。"(先进20)

【解读】 子张问孔子如何能成为善人。孔子说:"如果不循着前人的足迹走,无论如何也难以达到登堂入室的善人境界。"

君子务本

春和景明远山黛，
桃红柳绿杏花开。
孔子端坐杏树下，
弦歌鼓琴燕归来。

数十弟子席地坐，
中有一个叫有若①。
身材魁梧高九尺，
貌似孔子如铸模。

有若学习不怕苦，
手不释卷日夜读。
为防瞌睡火烙手，
博闻强识成鸿儒。

---

① 有若：字子有，人们尊其为有子，比孔子小十三岁，鲁国人。孔子晚年的得意弟子。他好古博闻，明习礼乐。

孔子罢琴抚双鬓,
环顾四周面色温。
循循善诱语谆谆,
条分缕析讲为仁:

"要成君子须修身,
立身行世守根本。
根基不牢天地摇,
知此根本有何人?"

有若抬头将身立,
侃侃而谈答问题:
"君子标准千百条,
根本一条是孝悌!

孝父母,敬兄长,
忠可移君不犯上。
欲行大道讲仁义,
教人行孝是良方!"

孔子闻言心欢喜,
微微点头很满意:
"孝悌确是仁之本,
修身齐家须谨记!"

论语精读

1.有子曰:"其为人也孝弟,而好犯上者,鲜矣;不好犯上,而好作乱者,未之有也。君子务本,本立而道生。孝弟也者,其为仁之本与!"(学而2)

【解读】 有子说:"一个人能做到孝顺父母与尊敬兄长,却喜欢冒犯上司,那是很少有的;不喜欢冒犯上司,却喜欢造反作乱,没有这种人。君子要致力于从根本上做起,根基稳固以后,才能产生仁人爱物、修身治国之道。孝顺父母与尊敬兄长,应该是施行仁爱的根本所在吧。"

2.孔子曰:"君子有三戒:少之时,血气未定,戒之在色;及其壮也,血气方刚,戒之在斗;及其老也,血气既衰,戒之在得。"(季氏7)

【解读】 孔子说:"君子有三种事情应引以为戒:年少的时候,血气还不成熟,要戒除迷恋女色;等到壮年,血气旺盛,要戒除与人争斗;等到老年,血气已经衰弱了,要戒除贪得无厌。"

3.孔子曰:"君子有三畏:畏天命,畏大人,畏圣人之言。小人不知天命而不畏也,狎大人,侮圣人之言。"(季氏8)

【解读】 孔子说:"君子敬畏三件事:敬畏天命,敬畏地位高贵的人,敬畏圣人的话。小人不懂得天命,因而也不敬畏,不尊重地位高贵的人,轻侮圣人的话。"

轻徭薄赋

半年无雨日高照,
黄牛吐舌乌鹊噪。
热浪滚滚卷鲁国,
土地龟裂草木凋。

田中禾苗半枯焦,
农夫心中似火烧。
颗粒无收怨天旱,
全家如何得温饱?

公门差役何勇剽,
上门收粮鸡犬叫。
未见新粮搬陈粮,
金刚怒目虎咆哮。

家中无粮饥难熬,
扶老携幼去乞讨。
饿殍遍地塞沟壑,
赤地千里鸡鸣少。

公粮收完堆国库,
哀公①巡视把头翘。
今年赋税收得少,
入不敷出心烦躁。

人说有若是英豪,
治国理财水平高。
哀公挥手派使者,
请他前来说妙招。

有若进宫立前朝,
拜见哀公弯下腰:
"天下大旱年成差,
公粮减半好不好?"

---

① 哀公:鲁哀公,为鲁定公之子,鲁国君主。

哀公听罢心懊恼，
面带不悦怒火烧：
"赋税太少国库虚，
再加一成才够花销！"

有若上前把头摇，
正义凛然说警告：
"轻徭薄赋可安民，
横征暴敛国难保！

百姓是水国是舟，
舟行浅滩因水少。
何不减税养百姓？
水涨船高君逍遥！"

论语精读

1. 哀公问于有若曰:"年饥,用不足,如之何?"

有若对曰:"盍(hé)彻乎?"

曰:"二,吾犹不足,如之何其彻也?"

对曰:"百姓足,君孰与不足?百姓不足,君孰与足?"(颜渊9)

【解读】 鲁哀公问有若说:"年成不好,用度不足,怎么办?"

有若回答说:"为什么不实行彻法,只抽十分之一的田税呢?"

鲁哀公说:"现在抽十分之二,我还不够,怎么能实行彻法,只收十分之一呢?"

有若回答说:"如果百姓富足,您怎么会不富足呢?如果百姓不富足,您又怎么会富足呢?"

2. 子贡问政。子曰:"足食,足兵,民信之矣。"子贡曰:"必不得已而去,于斯三者何先?"曰:"去兵。"子贡曰:"必不得已而去,于斯二者何先?"曰:"去食。自古皆有死,民无信不立。"(颜渊7)

【解读】 子贡请教为政之道。孔子说:"搞好粮食储备,搞好军备,赢得人民的信赖。如此而已。"子贡问:"假如迫不得已必须有所舍弃,这三项中应当先舍弃哪一项呢?"孔子说:"那就舍弃军备一项。"子贡又问:"假如迫不得已必须再有所舍弃,剩下的两项当中应当舍弃哪一项呢?"孔子说:"那就舍弃粮食一项吧。自古以来人都有死的时候,如果失去百姓的信任,那么国家就没有立足之地了。"

教学相长

卫国少年叫卜商[1],
千里求学离故乡。
来到曲阜入孔门,
发奋读书岁月旷。

忠孝节义记心上,
融会贯通常思量。
夜读《诗经》生疑问,
百思不解急断肠。

拜见老师深施礼,
开门见山提问题:
"巧笑倩,美目盼[2],
素以为绚是何意?"

① 卜商:字子夏,比孔子小四十四岁,卫国人。孔子门下最杰出的弟子之一。
② 《诗经》中的句子。

孔子抬头来答疑:
"此句描写大美女!
眉目清丽敷白粉,
如绘彩画先打底!"

卜商凝神又开言:
"这个道理可延展,
如同修身成君子,
仁义应在礼后面?"

孔子闻听心欢喜:
"卜商启发我心智!
你举一反三讲得好,
如此学诗有灵气!"

论语精读

1. 子夏问曰："'巧笑倩（qiàn）兮，美目盼兮，素以为绚（xuàn）兮。'何谓也？"子曰："绘事后素。"曰："礼后乎？"

子曰："起予者商也！始可与言《诗》已矣。"（八佾 8）

【解读】 子夏问："《诗经·卫风·硕人》说：'美人的笑靥是多么可人啊，她美丽的眼睛黑白分明啊，就像洁白的底子上绘着多彩的花纹。'这说的是什么意思呢？"孔子说："先有洁白的底子，再绘上色彩。"

子夏说："那么礼仪要在质朴、纯真之后吗？"孔子说："卜商啊，你真是能启发我的人啊！从此可以与你讨论《诗经》了。"

2. 子夏为莒父宰，问政。子曰："无欲速，无见小利。欲速则不达，见小利则大事不成。"（子路 17）

【解读】 子夏做莒父的长官，问孔子怎样管理政事。孔子说："不要求快，不要贪图小利。如果只强调速度往往达不到预期的效果，贪求小利就会做不成大事。"

3. 子夏曰："虽小道，必有可观者焉；致远恐泥，是以君子不为也。"（子张 4）

【解读】 子夏说："即使是小技艺，也必然有可取之处；但从长远看恐怕会有阻碍，所以君子不做。"

4. 子夏曰:"百工居肆以成其事,君子学以致其道。"(子张 7)

【解读】 子夏说:"各种工匠在作坊里辛苦劳作以完成他们的具体工作,君子要专心致志地学习来掌握大道。"

啮指痛心

曾参①父亲是曾点，
性如烈火家教严。
只因锄地伤瓜秧，
杖打曾参倒瓜田。

曾参对父不记恨，
为人处世更谨慎。
反躬自责日三省，
千方百计遂父心。

曾点最爱吃羊枣，
曾参满山去寻找。
摘来羊枣洗干净，
父子对食乐陶陶。

---

① 曾参：字子舆，比孔子小四十六岁，鲁国人。孔子晚期著名弟子，为人谨慎谦恭，以孝著称。

天有不测风云激,
曾点病故命归西。
每见羊枣思严父,
曾参垂泪常相忆。

母亲年迈鬓发花,
曾参时时都牵挂。
打柴换钱买粮米,
不怕山高路又滑。

一日砍柴在山顶，
心如针刺时时痛。
担心母亲出意外，
急如星火回家中。

曾母家中有客至，
无力招待怕失礼。
翘首以待盼儿归，
心急如焚咬手指。

客人仰天发赞叹，
母子情深心相连。
啮指痛心有灵犀，
曾参孝名天下传。

这正是：

人生在世孝为先，

自古孝为百行源。

世上唯有孝字大，

孝顺父母第一端。

论语精读

1. 子游问孝。子曰:"今之孝者,是谓能养。至于犬马,皆能有养;不敬,何以别乎?"(为政 7)

【解读】 子游问什么是孝。孔子说:"现在所谓的孝,是指能够侍奉父母。但是像狗像马,到老也都能得到饲养;如果少了尊敬,又拿什么去区别对人与对牲畜呢?"

2. 子夏问孝。子曰:"色难。有事,弟子服其劳;有酒食,先生馔(zhuàn),曾(céng)是以为孝乎?"(为政 8)

【解读】 子夏问什么是孝。孔子说:"子女保持和悦的脸色是最难的。有事要办时,年轻人代劳;有酒菜食物时,让长者享用,这样就可以称为孝道吗?"

3. 曾子曰:"慎终追远,民德归厚矣。"(学而 9)

【解读】 曾子说:"慎重地对待父母亲的丧事,虔诚地祭祀祖先,这样就会淳化社会风气,使百姓的道德变得仁厚起来。"

4. 子曰:"三年无改于父之道,可谓孝矣。"(里仁 20)

【解读】 孔子说:"数年之中都不改变父亲指引的正道,可以说是孝了。"

5. 曾子曰："士不可以不弘毅，任重而道远。仁以为己任，不亦重乎？死而后已，不亦远乎？"（泰伯7）

【解读】 曾子说："士不可以不弘大刚毅，担子沉重而道路遥远。把实现仁德于天下作为自己的担子，不是很沉重吗？到死才能停止，不是很遥远吗？"

6. 曾子曰："可以托六尺之孤，可以寄百里之命，临大节而不可夺也。君子人与？君子人也。"（泰伯6）

【解读】 曾子说："可以将年幼的君主托付给他，可以把国之命脉寄托给他。在生死存亡之关头而能保持志节，这样的人是君子吗？是君子啊。"

7. 曾子曰："以能问于不能，以多问于寡；有若无，实若虚，犯而不校（jiào），昔者吾友尝从事于斯矣。"（泰伯5）

【解读】 曾子说："有能力而向没有能力的人请教，知识丰富向知识贫乏的人请教；有像没有一样，充实像空虚一样，受到冒犯而不去计较，以前我的朋友曾经这样做过啊。"

8. 曾子有疾，孟敬子问之。曾子言曰："鸟之将死，其鸣也哀；人之将死，其言也善。君子所贵乎道者三：动容貌，斯远暴慢矣；正颜色，斯远信矣；出辞气，斯远鄙倍矣。笾（biān）豆之事，则有司存。"（泰伯4）

【解读】 曾子生病了,孟敬子前来探问。曾子说道:"鸟要死的时候,叫的声音是悲哀的;人要死的时候,说的话是善意的。在上位的君子,所重视的君子之道有三点:注重严肃容貌,身上就有远离暴慢之气;端正自己的脸色,就会近于诚信;注意调整言辞声调,就会远离粗野和过失。至于笾豆之类的具体礼仪细节,自有负责的小吏来管。"

9. 曾子有疾,召门弟子曰,"启予足!启予手!《诗》云:'战战兢兢,如临深渊,如履薄冰。'而今而后,吾知免夫!小子!"(泰伯3)

【解读】 曾子生病了,将门下弟子召来,说道:"看看我的脚!看看我的手!《诗经》中说:'战战兢兢的,就好像面临着深渊一样,就好像踩在薄冰上一样。'从今以后,我知道可以免于伤害了!学生们啊!"

10. 曾子曰:"吾日三省吾身:为人谋不忠乎?与朋友交而不信乎?传不习乎?"(学而4)

【解读】 曾子说:"我每天都要多次反省自己:为他人做事情有没有不诚实、不尽心的地方呢?与朋友交往中有没有不守信的地方呢?老师的思想学说在实际行动中是否又没能贯彻呢?"

11. 曾子曰:"吾闻诸夫子:人未有自致者也,必也亲丧乎!"(子张17)

【解读】 曾子说:"我听老师说过:人的感情在平时是不会自动发挥到极致的。如果有,那应该是在父母去世的时候吧。"

12. 曾子曰:"吾闻诸夫子:孟庄子之孝也,其他可能也,其不改父之臣与父之政,是难能也。"(子张18)

【解读】 曾子说:"我听老师说过:孟庄子的孝,其他的都容易做到,而留用他父亲的家臣,不改变他父亲的施政纲领,这是别人难以做到的。"

君子坦荡荡

喜鹊登枝燕呢喃,
双喜临门须臾间。
弟子孔忠①宓子贱②,
走出师门去当官。

时光飞逝大半年,
孔子登门去探看。
见到孔忠开口问:
"当官得失谈一谈?"

孔忠仰天发长叹,
愁眉苦脸开口言:
"只有失啊没有得,
损失就在三方面。

---

① 孔忠:孔子的侄子和学生。
② 宓子贱:宓不齐,比孔子小三十岁,鲁国人。孔子晚期的学生。

官职太小公务繁,
一件一件接一件。
从前功课难温习,
事务繁杂不得闲。

每月俸禄太可怜,
不足家用亲疏远。
公务急迫难分身,
难见故友情谊淡!"

孔子闻听脸色变,
闷闷不乐眉不展。
转身去找宓子贱,
同样问题问一遍。

宓子贱,展笑颜,
应声回答不隐瞒:
"只有得,没有失,
主要收获三方面。

书本知识得实践，
不断运用更熟练。
所得俸禄有节余，
补贴家用亲心欢。

公务虽忙抽时间，
老友亲朋常相见。
时常走动更亲密，
情深义重记心间。"

孔子听罢扬笑脸，
表扬学生宓子贱：
"胸怀坦荡真君子，
有仁无私天地宽！"

论语精读

1. 自谓子贱:"君子哉若人！鲁无君子者,斯焉取斯？"（公冶长 3）

【解读】 孔子说到宓子贱:"这人真是个君子呀！鲁国没有君子的话，他从哪里学来这样的好品德呢？"

2. 子夏曰:"仕而优则学，学而优则仕。"（子张 13）

【解读】 子夏说:"做官有余力了便可以去学习，学习有余力了便可以去做官。"

3. 子曰:"鄙夫可与事君也与哉？其未得之也，患得之；既得之，患失之。苟患失之，无所不至矣。"（阳货 15）

【解读】 孔子说:"粗鄙的人可以与之一同侍奉君主吗？这些人对没有得到的利益，总是唯恐得不到；对于得到的利益，又总害怕失去。如果这样患得患失，就没有什么行为是他们做不出来的。"

4. 子曰:"君子喻于义，小人喻于利。"（里仁 16）

【解读】 孔子说:"君子通晓大义，小人精明于利。"

三思而行

春暖花开燕展翅，
孔子杏坛讲国史。
抚今追昔说贤者，
鲁国正卿季文子①。

文子先祖是国君，
身份高贵却勤谨。
执掌国政三十年，
三朝元老社稷臣。

率先推行初税亩②，
奴隶解放眉飞舞。
国力大增民欢腾，
劳苦功高大丈夫。

---

① 季文子：季孙行父。春秋时期鲁国的正卿。姬姓，季氏，谥"文"，史称"季文子"。
② 初税亩：春秋时期鲁国实行的按亩征税的田赋制度。初税亩的实行是承认私有土地合法化的开始。

大权在握胸襟旷，
克勤克俭人敬仰。
做事严谨常三思，
廉洁奉公以为常。

孟仲孙①，来拜访，
文子妻女布衣裳。
马喂青草不喂米，
身上无膘眼无光。

① 孟仲孙：季文子执政时期的官员。

仲孙看罢直摇头，
大惑不解就开口：
"您的生活太寒酸，
诸侯见了国蒙羞！"

文子闻言笑哈哈，
开诚布公来回答：
"锦衣玉食和宝马，
人见人爱展荣华！

国内父老多贫困，
我享荣华不忍心。
诸侯列国重君子，
布衣瘦马不丢人！"

日薄西山鸟归巢，
牛羊回栏哞哞叫。
讲完先贤季文子，
孔子总结说纲要：

"文子功高有盛德,
美中不足思虑多。
三思而行效率低,
考虑两次就够了!"

论语精读

1. 季文子三思而后行。子闻之,曰:"再,斯可矣。"(公冶长 20)

【解读】 季文子凡事要考虑多次才采取行动。孔子听说了这种情况,说:"思考两次,就可以了。"

2. 季康子问政于孔子。孔子对曰:"政者,正也。子帅以正,孰敢不正?"(颜渊 17)

【解读】 季康子向孔子问政治。孔子答道:"政字的意思就是端正。您自己带头端正,谁敢不端正呢?"

3. 子曰:"其身正,不令而行;其身不正,虽令不从。"(子路 6)

【解读】 孔子说:"为政者自身正了,即使不发布命令,老百姓也会去干;自身不正,即使发布命令,老百姓也不会服从。"

4. 子曰:"上好礼则民易使也。"(宪问 41)

【解读】 孔子说:"如果居上位的统治者喜好并遵行礼制,那么百姓就容易管理了。"

5. 子路问君子。子曰:"修己以敬。"

曰:"如斯而已乎?"曰:"修己以安人。"

曰:"如斯而已乎?"曰:"修己以安百姓。修己以安百姓,尧、舜其犹病诸?"(宪问42)

【解读】 子路向孔子询问什么样的人才可以算是合格的执政者。孔子说:"致力于修身以便使自己看起来十分庄重、恭敬。"

子路说:"像这样就够了吗?"孔子说:"致力于修身使周围的人感到安乐。"

子路说:"像这样就够了吗?"孔子说:"致力于修身以使所有百姓都安乐。致力于修身以使所有百姓都安乐,尧、舜尚且担心自己做不到呢!"

大禹治水

三皇五帝在上古，
洪水滔天百姓苦。
卷走牛马与羊群，
吞噬庄稼和房屋。

大鲧儿子叫大禹①，
面对浊浪挺身出。
勇往直前来治水，
个人得失全不顾。

大禹治水踏征途，
风霜雨雪迈大步。
五湖四海全走遍，
调研治水新思路。

---

① 禹：原为夏后氏部落的首领，奉舜命治理洪水有功，舜让位给禹。传说是夏朝的第一个君主。

前车之鉴记心间,
实事求是定宏图。
把握洪水规律性,
因势利导把水疏。

思路确定快落实,
挥汗如雨挖水渠。
身先士卒冲在前,
抛妻别子在草庐。

大禹治水三十年,
尽职尽责不疏忽。
舍弃小家顾大家,
三过家门而不入。

功夫不负有心人,
终将洪水来治服。
百川东流归大海,
国泰民安山河固。

论语精读

1. 子曰:"禹,吾无间(jiàn)然矣。菲饮食,而致孝乎鬼神;恶衣服,而致美乎黼冕(fú miǎn);卑宫室,而尽力乎沟洫(xù)。禹,吾无间然矣!"(泰伯21)

【解读】 孔子说:"对于禹,我没有任何非议了。他自己的饮食很简单,但祭祀鬼神的祭品很丰盛;他自己的衣服很破烂,但把祭祀用的衣服做得很华美;他住的宫室很破败,但尽力修治沟渠水道。对于禹,我没有任何非议了。"

2. 子曰:"父在,观其志;父没(mò),观其行。三年无改于父之道,可谓孝矣。"(学而11)

【解读】 孔子说:"观察一个人,他父亲在世的时候,要看他的志向;他父亲去世以后,要看他的行为。三年之中认真遵循守丧之礼,可以说是孝了。"

3. 子张问仁于孔子。孔子曰:"能行五者于天下,为仁矣。"

"请问之。"曰:"恭,宽,信,敏,惠。恭则不侮,宽则得众,信则人任焉,敏则有功,惠则足以使人。"(阳货6)

【解读】 子张问孔子什么是具有仁德的人。孔子回答说:"能够按照五个方面做的人,对于天下人来说就算是具有仁德的人了。"

子张说:"哪五个方面呢?"孔子回答说:"行为谦恭,待人宽厚,为人有信，做事勤敏，对百姓多施恩惠。行为谦恭就不会受到侮辱；待人宽厚就能得到民心；为人有信就能被别人信任，进而得到任命；做事勤敏就会有功劳；对百姓多施恩惠就足以指挥百姓，进而使政令畅通。"

4.子曰："巍巍乎！舜、禹之有天下也，而不与焉。"（泰伯18）

【解读】 孔子说："伟大啊！舜、禹拥有天下，而选贤任能，无为而治。"

5.子曰："大哉！尧之为君也！巍巍乎！唯天为大，唯尧则之。荡荡乎，民无能名焉。巍巍乎，其有成功也！焕乎，其有文章！"（泰伯19）

【解读】 孔子说："尧作为国家的君主，真是伟大啊！崇高啊！唯有天最高最大，只有尧能效法于天。他的恩惠真是广博呀！百姓简直不知道该怎样来称赞他。真是崇高啊，他创建的功绩！真是灿烂美好啊，他制定的礼仪制度！"

6.舜有臣五人而天下治。武王曰："予有乱臣十人。"孔子曰："才难，不其然乎？唐虞之际，于斯为盛。有妇人焉，九人而已。三分天下有其二，以服事殷。周之德，其可谓至德也已矣。"（泰伯20）

【解读】 舜有五个大臣而天下大治。周武王说："我有治世之臣十人。"孔子说："人才难得，不是这样的吗？尧帝舜帝的时代和周初之际为人才最兴盛的时期。然而周武王的十人之中,还有一位妇人,所以治世之臣不过九人而已。周文王做诸侯的时候已经得到了天下三分之二的土地,仍然服侍殷商。周朝的道德,可以说最高的了。"

7. 子曰:"泰伯,其可谓至德也已矣。三以天下让,民无得而称焉。"(泰伯1)

【解读】 孔子说:"泰伯,可以称得上是道德极高了。屡次把天下让给季历,老百姓都不知道如何来称赞他了。"

武城弦歌

吴国书生叫言偃①,
跋山涉水过关山。
不远千里到鲁国,
拜师孔子登杏坛。

言偃聪慧有才气,
如饥似渴勤修习。
诗书礼乐记心中,
融会贯通人称奇。

学成做官到武城,
下车伊始颁政令。
切中时弊百姓喜,
政通人和传美名。

① 言偃:字子游,比孔子小四十五岁,吴国常熟人。孔子晚期的著名弟子,才华出众。

孔子闻听上大道，
驱车考察到城郊。
言偃恭迎在路旁，
师徒执手乐陶陶。

同车进城笑语和，
家家户户飘弦歌。
曲调中正又敦厚，
此起彼伏不停歇。

风送弦歌耳畔过，
孔子手指打节拍。
歌声暂停问言偃，
莞尔一笑现酒窝：

"武城地偏人口少，
弦歌丝竹满城飘。
你教边民学礼乐，
杀鸡焉用宰牛刀？"

言偃弯腰深施礼，
郑重其事作解释：
"礼乐教化执政基，
先生教导我没忘记！"

孔子听罢脸色变，
正视弟子目如电：
"武城弦歌做得好，
我刚才所说是戏言！"

论语精读

1. 子之武城，闻弦歌之声。夫子莞尔（wǎn）而笑，曰："割鸡焉用牛刀？"

子游对曰："昔者偃也闻诸夫子曰：'君子学道则爱人，小人学道则易使也。'"

子曰："二三子！偃之言是也。前言戏之耳！"（阳货4）

【解读】 孔子到了武城，听到弹琴唱诗的声音。孔子微微一笑，说："杀鸡何必用牛刀呢？"

做武城长官的子游回答说："以前我听老师您说过：'做官的人学习了人生道理，就会爱护百姓；百姓学习了人生道理，就容易服从政令。'"

孔子说："弟子们！言偃的话是对的。我刚才只是和他开开玩笑罢了。"

2. 子夏曰："君子信而后劳其民，未信则以为厉己也。信而后谏，未信则以为谤己也。"（子张10）

【解读】 子夏说："君子必须得到信任以后才能去役使百姓，否则百姓会认为你在折磨他们。同样，君子必须得到信任以后才能去进谏，否则君主会以为你在诽谤他。"

3. 子游曰："丧致乎哀而止。"（子张14）

【解读】 子游说："居丧，达到悲戚的程度就可以了。"

第六章 ⊙ 七十从心所欲

以貌取人

齐国少年叫澹台，
名叫灭明①鼻梁歪。
额低口窄嘴巴尖，
一双小眼无神采。

拜师孔门三四载，
勤奋好学不懈怠。
孔子嫌他长得丑，
认定灭明难成才。

言偃担任武城宰，
走马上任好气派。
灭明随行相辅助，
同学手下当公差。

---

① 灭明：复姓澹（tán）台，名灭明，字子羽，比孔子小三十九岁，鲁国武城人。孔子晚期的学生，为人公正无私，有君子之才。

春回大地桃花开，
武城官道起尘埃。
孔子坐车来探望，
言偃恭迎城门外。

弯腰施礼深深拜，
师徒重逢心畅快。
孔子相扶开口问：
"武城可有贤良才？"

言偃闻言略思揣，
赞不绝口说澹台：
"灭明师弟管刑狱，
公正无私大胸怀！

执法严明有能耐，
光明磊落民敬爱。
恪尽职守忙公务，
无事不到我屋来！"

孔子听罢发感慨：

"灭明真是栋梁材！

我曾嫌他长得丑，

以貌取人不应该！"

论语精读

1. 子游为武城宰。子曰："女（rǔ）得人焉耳乎？"曰："有澹台灭明者，行不由径，非公事，未尝至于偃之室也。"（雍也 14）

【解读】 子游做武城的长官。孔子说："你求得人才了没有？"子游说："有一个叫澹台灭明的，他做事合乎正道，光明磊落，非为公事，从不到我屋里来。"

2. 子曰："众恶之，必察焉；众好之，必察焉。"（卫灵公 28）

【解读】 孔子说："大家都厌恶他，必须考察一下；大家都喜欢他，也一定要考察一下。"

3. 子曰："人能弘道，非道弘人。"（卫灵公 29）

【解读】 孔子说："人能够使道发扬光大，不是道能光大人。"

4. 子曰："君子不可小知而大受也，小人不可大受而可小知也。"（卫灵公 34）

【解读】 孔子说："君子不能通过一些小事来了解他、考验他，但可以让他们承担重大的使命。小人不能让他们承担重大的使命，但可以通过一些小事来了解他、考验他。"

5. 子曰："君子谋道不谋食。耕也，馁在其中矣；学也，禄在其中矣。

君子忧道不忧贫。"（卫灵公32）

【解读】 孔子说："君子追求道义而不追求饭食。耕种，有时也要饿肚子；学习，却可以得到俸禄。君子担心学不到道义，而不担心会贫穷。"

孔子借伞

桃红柳绿刮春风，
孔子乘车要远行。
阴云密布天色变，
大雨将至风雷动。

子路望天目炯炯，
禀告孔子立门庭：
"咱家马车无伞盖，
恐怕被淋风雨中！

子夏师弟住城东,
新买伞盖尚未用。
我马上登门去借取,
老师在家请稍等！"

孔子闻言忙摆手,
子路提议不赞成:
"子夏为人很小气,
借他伞盖他心痛！"

子路昂首对孔子,
直言不讳嗓门冲:
"子夏确实挺吝啬,
尽人皆知有恶名。

他小气那是对外人,
对待老师则不同！
我为老师借伞盖,
料他不会违师命！"

孔子伸手拉子路，
语重心长面色凝：
"子夏吝啬是本性，
强加于人不可行！

与人交往要厚道，
扬善隐恶多包容。
如此相交才长久，
互敬互谅情方浓！"

论语精读

1. 子贡问曰:"有一言而可以终身行之者乎?"子曰:"其恕乎!己所不欲,勿施于人。"(卫灵公24)

【解读】 子贡问道:"有没有一个字可以让人终身奉行的呢?"孔子说:"应该是'恕'吧!自己所不想要的,就不要强加给别人。"

2. 子曰:"躬自厚而薄责于人,则远怨矣!"(卫灵公15)

【解读】 孔子说:"责备自己多而责备别人少,就可以避免别人的怨恨了。"

3. 子夏曰:"大德不逾闲,小德出入可也。"(子张11)

【解读】 子夏说:"重大品德原则不能违背,小的生活细节有点出入是可以的。"

3. 周公谓鲁公曰:"君子不施其亲,不使大臣怨乎不以。故旧无大故,则不弃也。无求备于一人。"(微子10)

【解读】 周公对鲁公说:"君子不应该离弃自己的亲人,不让大臣怨恨得不到任用。老朋友、旧相识如果没有大的错误,就不要放弃他们。不要要求一个人具有所有的才能与美德。"

5. 子谓子夏曰:"女(rǔ)为君子儒!无为小人儒!"(雍也13)

【解读】 孔子对子夏说:"你要做君子之儒,不要做小人之儒!"

杖打原壤

孔子邻居叫原壤，
家住曲阜阙里巷。
自幼相识对门居，
结伴玩耍好街坊。

沂水静流水荡漾，
春华秋实桃李香。
弹指一挥五十年，
孔子原壤鬓发苍。

原壤生性太狂放，
无所事事闲游逛。
孔子教书做学问，
荣升司寇上公堂。

一日审案正磋商，
忽闻原壤母病亡。
孔子起身出公门，
大步流星看原壤。

这原壤，行无状，
慈母病故不悲伤。
尸身在家没掩埋，
眉开眼笑如平常。

孔夫子，热心肠，
自告奋勇来帮忙。
买副棺材画图案，
依礼收尸将送葬。

原壤站在棺材旁，
眉飞色舞拍手唱。
突然跳上棺材盖，
仰天大笑太癫狂！

孔子学生气昂昂，
忍无可忍直嚷嚷：
"原壤是个神经病，
我们帮他不应当！"

孔夫子，胸襟旷，
雍容大度有气量：
"我们且看死者面，
不要理他快报丧！"

北雁南飞一行行，
草木摇落露为霜。
周游列国十四载，
孔子归鲁看原壤。

步履蹒跚拄藜杖，
少年友情不曾忘。
原壤在家等孔子，
分脚箕踞①背倚墙。

---

① 箕踞：两脚张开，两膝微曲地坐着，形状像箕。这是一种不拘礼节的坐法，比喻轻慢傲视对方的姿态。

旁若无人头高扬,
哼着小曲腿摇晃。
气得孔子胡子翘,
暴跳如雷声高扬:

"你从小无礼太张狂,
老而不死费钱粮!
把你狗腿缩回去,
快点给我坐正当!"

说罢高高举藜杖,
对准胫骨打原壤。
原壤疼得嗷嗷叫,
抱头鼠窜快躲藏!

论语精读

1. 原壤夷俟（sì）。子曰："幼而不孙弟，长而无述焉，老而不死，是为贼！"以杖叩其胫。（宪问43）

【解读】 原壤很随意地分开两腿坐着，等候孔子到来。孔子说："年幼的时候不讲谦逊和孝悌，长大了又没有什么值得人们称赞的成就，现在老了又不赶紧去死，真是一个害人贼啊！"说着，用手杖敲了敲他的小腿。

2. 子夏曰："君子有三变：望之俨然，即之也温，听其言也厉。"（子张9）

【解读】 子夏说："君子有三种变化：远远地望着他，觉得他庄重、严肃；接近他，觉得他温和可亲；听他说话，又觉得他严厉不苟。"

3. 子曰："饱食终日，无所用心，难矣哉！不有博弈者乎？为之犹贤乎已。"（阳货22）

【解读】 孔子说："整天吃得饱饱的，却对什么事也不上心，这是不行的呀！不是有人喜欢从事博弈和下棋这类消遣时间的游戏吗？干干总比闲着好。"

4. 子贡曰："君子亦有恶乎？"子曰："有恶：恶称人之恶者，恶居下流而讪上者，恶勇而无礼者，恶果敢而窒者。"

曰:"赐也亦有恶乎?""恶徼(jiǎo)以为知者,恶不孙(xùn)以为勇者,恶讦(jié)以为直者。"(阳货 24)

【解读】 子贡说:"君子也有厌恶的人吗?"孔子说:"有厌恶的:厌恶专门揭别人短处的人,厌恶居下位却诽谤上司的人,厌恶勇敢却无礼的人,厌恶自以为果敢却顽固不化、不知变通的人。"

孔子反问说:"赐,你也有厌恶的人吗?"子贡说:"我厌恶占有别人的成果却自以为聪明的人,厌恶不谦虚却自以为勇敢的人,厌恶跟人争吵却自以为正直的人。"

5. 子曰:"君子而不仁者有矣夫,未有小人而仁者。"(宪问 6)

【解读】 孔子说:"不具备仁德的君子也许是有的,但具备仁德的小人却是没有的。"

6. 子曰:"贫而无怨难,富而无骄易。"(宪问 10)

【解读】 孔子说:"贫穷而能够没有怨恨是很难做到的,富裕而不骄傲是很容易做到的。"

7. 或曰:"以德报怨,何如?"子曰:"何以报德?以直报怨,以德报德。"(宪问 34)

【解读】 有人说:"用仁德来回报怨恨怎么样?"孔子说:"用什么来报答他人的仁德呢?应该是用正直来回报怨恨,用仁德来回报他人的仁德。"

圣人离世

曲阜城头月儿弯,
寒风瑟瑟灯烛残。
孔子眉须皆似雪,
凝望窗外夜漫漫。

回国五年屈指算,
不堪回首泪涟涟。
祸不单行接踵至,
痛心入骨肝肠断。

结发老妻姓并官,
凤凰于飞在少年。
举案齐眉结同心,
养儿育女承膝欢。

游子漂泊常思念,
剪烛西窗梦魂牵。
哪知阴阳早相隔,
孤坟荒草柳飞绵。

独子伯鱼坐门槛,
咿呀学语仰小脸。
转眼五十相聚少,
病入膏肓去人寰。

白首丧子泪洗面,
幼孙襁褓正哭喊。
抱起子思①心泣血,
创巨痛深何怆然。

---

① 子思:名孔伋,孔子的嫡孙、孔鲤的儿子。春秋时期著名的思想家。受教于孔子的学生曾参。孔子的思想由曾参传子思,子思的门人再传孟子。子思上承曾参,下启孟子,在孔孟"道德"的传承中具有十分重要的地位,著有《中庸》一书。

爱徒颜回字子渊，
德才兼备是大贤。
情同父子心相惜，
精心培育得真传。

年方四十正当年，
一病不起下黄泉。
老泪纵横止不住，
捶胸顿足恨苍天。

子路英武力拔山，
勇冠三军舞长剑。
亦师亦友亦兄弟，
赤胆忠心常相伴。

出仕卫国逢内乱，
忠心护主赴危难。
刀剑相加正衣冠，
身为肉泥太凄惨！

礼崩乐坏世事艰,

天下大同平生愿。

周游列国寻明君,

生不逢时常嗟叹。

年迈回乡心不甘,

编著《春秋》修经典。

忽闻西郊获麒麟①,

绝笔垂泪湿衣衫。

月牙隐隐下西山,

故人历历浮影现。

双手颤抖欲相迎,

空空如也是虚幻。

---

① 麒麟:据说孔子正在写《春秋》时,听到有人在西郊捕获一只麒麟。他认为麒麟是代表祥瑞的"仁兽",很是感伤,写了"西狩获麟"这句话,就停笔不再写下去了。

门人弟子逾三千,
七十二人可称贤。
分别日久未登门,
孔子翘首常期盼。

旭日东升燕呢喃,
子贡华衣敲门环。
奉命出使刚回国,
探望老师床前站。

孔子醒来睁双眼,
面色苍苍如苔藓。
拉住子贡床头坐,
喜极而泣泪斑斑。

乌云蔽日山河暗，
天崩地裂风呼喊。
圣人离世举国哀，
曲阜城乡飘白幡。

子贡曾参闵子骞，
有若子夏宓子贱，
门人弟子齐来集，
痛哭失声催心肝。

安葬老师泗水边，
结庐而居守三年。
师恩难忘忆圣训，
编成《论语》刻竹简。

皇皇《论语》二十篇，
讲仁说义皆善言。
一以贯之是忠恕，
彪炳千古天地间。

论语精读

1. 颜渊死，子曰："噫！天丧予！天丧予！"（先进 9）

【解读】 颜渊死后，孔子说："咳！是天要亡我呀！是天要亡我呀！"

2. 颜渊死，子哭之恸（tòng）。从者曰："子恸矣！"曰："有恸乎？非夫人之为恸而谁为？"（先进 10）

【解读】 颜渊死了，孔子哭得极其悲痛。跟随孔子的学生说："老师悲痛过度了！"孔子说："我是悲痛过度了吗？我不为这样的人悲痛过度，又为了谁悲痛过度呢？"

3. 子曰："予欲无言。"子贡曰："子如不言，则小子何述焉？"子曰："天何言哉？四时行焉，百物生焉，天何言哉？"（阳货 19）

【解读】 孔子说："我真不想再说话了。"子贡说："如果老师您不说话了，那么我们这些学生怎样向别人转述您的思想呢？"孔子说："天又何尝说了什么呢？一年四季照常运行，天下万物照样生长。天又何尝说了什么呢？"

4. 子曰："参乎！吾道一以贯之。"曾子曰："唯。"

子出。门人问曰："何谓也？"曾子曰："夫子之道，忠恕而已矣！"（里仁 15）

【解读】 孔子说:"参呀,我的学说是由一个中心思想贯穿起来的。"曾子说:"的确如此。"

孔子出去之后,别的学生问曾子:"老师说的是什么意思?"曾子说:"老师的学说只是'忠恕'两个字罢了。"

5. 子曰:"甚矣吾衰也!久矣吾不复梦见周公!"(述而5)

【解读】 孔子说:"我衰老得太厉害了!我已经很久都没有梦见周公了。"

6. 子曰:"志于道,据于德,依于仁,游于艺。"(述而6)

【解读】 孔子说:"我一生立志向道,据守着德,依倚于仁,悠游于六艺。"

7. 子曰:"凤鸟不至,河不出图,吾已矣夫!"(子罕9)

【解读】 孔子说:"凤凰没有飞来,黄河没有八卦图出现,在我的有生之年太平盛世是不会到来了。我的学说肯定不会被采用,这辈子恐怕是完啦!"

8. 子曰:"从我于陈蔡者,皆不及门也。"(先进2)

【解读】 孔子说:"跟着我在陈国、蔡国共患难的弟子,现在都不在我身边了。"

9. 叔孙武叔语大夫于朝，曰："子贡贤于仲尼。"

子服景伯以告子贡。

子贡曰："譬之宫墙，赐之墙也及肩，窥见室家之好。夫子之墙数仞，不得其门而入，不见宗庙之美，百官之富。得其门者或寡矣。夫子之云，不亦宜乎！"（子张23）

【解读】 叔孙武叔在朝中对大夫们说："子贡比仲尼有贤德。"

子服景伯把这话转告给子贡。

子贡说："不能这样认为。譬如房屋的围墙，我的只有肩膀那么高，站在墙外很容易看见我家的好东西。但我老师的却有几个人那么高，找不到进去的大门，就看不见宏伟的庙堂和富丽的房舍。能找到大门而进去的人或许很少吧。那么，叔孙武叔这样说，不也很自然吗？"

10. 叔孙武叔毁仲尼。子贡曰："无以为也！仲尼不可毁也。他人之贤者，丘陵也，犹可逾也；仲尼，日月也，无得而逾焉。人虽欲自绝，其何伤于日月乎？多见其不知量也！"（子张24）

【解读】 叔孙武叔毁谤仲尼。子贡说："不要这样做！仲尼是毁谤不了的。别人的贤德就像山，是可以逾越的。但是仲尼的贤德就像太阳和月亮，是没法逾越的。虽然有人要自绝于太阳和月亮，那对太阳和月亮有什么损害呢？只不过表明自不量力罢了！"

11. 陈子禽谓子贡曰："子为恭也，仲尼岂贤于子乎？"

子贡曰："君子一言以为知，一言以为不知，言不可不慎也。夫子之不可及也,犹天之不可阶而升也。夫子之得邦家者,所谓立之斯立,道之斯行,绥之斯来,动之斯和。其生也荣,其死也哀。如之何其可及也?"(子张 25)

【解读】 陈子禽对子贡说:"你是出于对老师的尊敬吧。难道仲尼真的比你贤能吗?"

子贡说:"君子一句话可以显示他的智慧,也可以说明他缺乏智慧,所以说话不可以不慎重。我的老师是没有人能比得上的,就像天空不能搭着梯子爬上去一样。我的老师如果治理一个国家,他要百姓立于礼,百姓就会立于礼;他引导百姓,百姓就会按他的指引前进;他安抚百姓,百姓就会从远方来归顺;他动员百姓,百姓就会齐心协力。我的老师生得光荣,去世了令人怀念。我怎么能赶得上他呢?"

图书在版编目（CIP）数据

孔子诗传 / 辛龙著. -- 青岛：青岛出版社, 2019.3
ISBN 978-7-5552-7934-1

Ⅰ.①孔… Ⅱ.①辛… Ⅲ.①儒家②《论语》- 青少年读物 Ⅳ.① B222.2-49

中国版本图书馆 CIP 数据核字 (2019) 第 036976 号

书　　名	孔子诗传——论语故事朗诵诗
著　　者	辛　龙
出版发行	青岛出版社
社　　址	青岛市海尔路 182 号（266061）
本社网址	http://www.qdpub.com
邮购电话	13335059110　0532-85814750（传真）0532-68068026
策划编辑	吴清波
责任编辑	梁　娜　张吉路
配　　画	刘旭东
装帧设计	祝玉华
照　　排	光合时代
印　　刷	青岛国彩印刷有限公司
出版日期	2019 年 3 月第 1 版　2019 年 3 月第 1 次印刷
开　　本	16 开（710 mm×1000 mm）
印　　张	25.5
字　　数	150 千
印　　数	1-6000
书　　号	ISBN 978-7-5552-7934-1
定　　价	49.00 元

编校印装质量、盗版监督服务电话：4006532017　0532-68068638